Alles über die Currywurst

Der Currywurst-Kosmos in der
Edition BoD

hrsg. von Vito von Eichborn

Marc
Reisner

Alles
über die
Currywurst

Von Liedern, Literarischem und Lycopin bis zu
Curry-Kanzler, Ketchup und Klassenschranken –

Wissenswertes über ein Kultprodukt

Edition

Bücher für Entdecker

Books on Demand bietet Autoren ein neues Verlagskonzept. Viele Debütanten, etablierte Autoren und engagierte Verleger nutzen den Publikationsservice von Books on Demand und bereichern den Buchmarkt mit interessanten und außergewöhnlichen Titeln. Vito von Eichborn, einer der innovativsten Buchmacher Deutschlands, wählt als Herausgeber für die Edition BoD herausragende Neuerscheinungen aus. Lesen Sie selbst, welche Entdeckungen das Programm von Books on Demand möglich macht.

Mehr Infos auch auf www.bod.de.

Marc Reisner (Jg. 1963) ist Reise- und Finanzjournalist und gebürtiger Berliner. Er lebt in Lüneburg und in Zürich – und hat nicht zuletzt in Hamburg und in seiner Geburtsstadt zahlreiche Imbissbuden durchprobiert. Das Ergebnis dieser Leidenschaft findet sich auf diesen Seiten. „Alles über die Currywurst" ist das zweite Sachbuch des Autors.

Vito von Eichborn war Journalist, dann Lektor im S. Fischer Verlag, bevor er 1980 den Eichborn Verlag gründete, dessen Programm noch heute ein breites Spektrum umfasst: Humor, Kochbücher und Ratgeber, Sachbücher aller Art, klassische und moderne Literatur sowie die Andere Bibliothek. Nach seinem Ausstieg im Jahre 1995 war er u.a. Geschäftsführer bei Rotbuch/Europäische Verlagsanstalt und sechs Jahre Verleger des Europa-Verlags. Seit 2005 ist Vito von Eichborn selbständig als Publizist tätig und fungiert u.a. seit März 2006 als Herausgeber der Edition BoD.

Inhaltsverzeichnis

Infokästen

Meine Buchhändlerin sagte mir:
„Ja", sagte sie ...

Ja, das hört sich doch reizvoll an, ein prima Geschenk. Populäre Monografien zu eigentlich kleinen Themen haben gute Chancen – wenn sie nicht platt sind, sondern umfassend informativ und dazu auch noch gut geschrieben. Aber weit über 100 Seiten – gibt's denn so viel Interessantes ausgerechnet über die Currywurst?«

»Aber ja, dieser Autor schafft es, dass man tatsächlich das ganze Buch von vorne bis hinten liest. Das ist richtig spannend und nix überflüssig. Für Unterhaltungen bei geselligen Gelegenheiten bekommt man viel Munition. Zugegeben, weniger für Deutschlands Süden, vor allem für Berlin und Hamburg, den Norden, Westen und die Currywurst-Enklave Saargebiet. Weil ...«

»Also was steht denn nun drin?«, unterbrach mich meine Buchhändlerin, wie sie es immer tut, »und wie ist das Ganze aufgebaut?«

»Marc Reisner macht das sehr geschickt. Wann, wer, wo, was, wie, warum – alles handelt er systematisch ab. Dazu gibt's Ergänzungen, Erweiterungen, Einfügungen.

Natürlich beginnt alles mit der Erfindung der Currywurst. Das gleichnamige berühmte Buch von Uwe Timm – das übrigens verfilmt und in 20 Sprachen übersetzt wurde – erzählt aus Hamburg. In der Nachkriegszeit hat Lena Ketchupflaschen und Currypulver gegen einen Pelzmantel eingetauscht – wovon ihr einiges im Treppenhaus kaputt geht. Gedankenverloren leckt sie an dem braunen Matsch – und hat ein unvergleichliches Geschmackserlebnis. Doch dies ist Literatur, die wohl der Berlinerin Herta die Wahrheit klaut, die tatsächlich eine Imbisshalle hatte und als wirkliche Erfinderin gilt.

Es folgt das Wer. Das geht quer durch die Prominenz, von Curry-Kanzler Schröder über Eichel bis Wowereit, von Chefmanagern bis zu Spitzensportlern. Schauspieler wie Kuhn und Juhnke über Schimanski bis zu Leonardo die Caprio sind dabei, ebenso wie die Köche Schuhbeck und Mälzer.

Das Wo behandelt natürlich rauf und runter die Kultur der Imbissbude. Die urdeutsche Wurst mit der exotischen Soße kann Klassenschranken niederreißen. Im Restaurant wird die Currywurst nicht richtig heimisch. Aber die Bahn verkauft in 300 Bordbistros 300 000 (nicht nur Curry-)Würste. Und einer der größten Wurstproduzenten überhaupt ist der Volkswagen-Konzern, in dessen hauseigener Produktion zwei Millionen Würste quasi vom Band laufen.«

»Boah, das hätte ich nicht gedacht«, meinte meine Buchhändlerin, deren neugierigem Blick ich ansah, dass sie das nun auch alles sehr interessant fand. »Gibt's denn auch Rezepte für den Hausgebrauch?«, wollte sie wissen.

»Aber klar, etwa ein Dutzend, sogar mit Bewertung. Aber zunächst wird die Art und Zusammensetzung der Würste erklärt, wie man das Besondere an der Soße herstellt, und Wissenswertes über Curry. Auch acht Anbieter von Fertigprodukten werden getestet. Natürlich werden die Gegner von Wurst und Pommes und ihre Argumente nicht verschwiegen. Aber Eiweiß, Vitamine und Jod, Eisen, Magnesium, Kalium und andere Mineralstoffe finden sich für den Stoffwechsel in der Wurst bis zum Provitamin Folsäure. Außerdem …«

»Nicht zu vergessen: Tomatensoße ist unglaublich gesund«, fuhr sie mir begeistert in die Parade, »und Curry ist doch ein Wunderzeug, oder?«

»Genau. Die roten Paradiesäpfel enthalten 13 Vitamine und 17 Mineralstoffe. Außerdem Lycopin, eine Gesundheitsbombe, die nicht nur bei Herz und Kreislauf nützlich ist, sondern sogar als Sonnenschutz dient, weil es die Alterung der Haus verlangsamt. Und im Curry ist alles Erdenkliche rundherum gesund, vor allem Kurkuma ist nicht nur in Indien seit Ewigkeiten eine Heilpflanze. Galle, Magen, Darm, auch Muskeln und Gehirn geht es damit besser, Rheuma und Entzündungen werden behandelt, und sogar gegen Krebs soll es sich positiv auswirken.«

»Allmählich kapiere ich, wie viel Alltagskultur in der Currywurst steckt. Das Buch von Timm ist Literatur, toll zu lesen übrigens. Aber für diese Wissenszusammenstellung kenne ich nichts Vergleichbares«, meinte meine Buchhändlerin.

»Ja richtig, Kultur«, griff ich den Faden auf, »Reisner hat eine ganze Reihe Lieder zur Currywurst gefunden, die man hier nachlesen kann. Er stöbert durch Literarisches und durch Kino und TV. Und Sprachkultur pur ist ein Einschub, wie man das Ding denn bestellt.

Hier ein paar Beispiele: Ex-Kanzler-Filet, Schimanski-Teller, Ruhrpott-Carpaccio, Taxiteller, Phosphat-Rakete, Molotow-Wurst, Maurerpimmel mit Geröll, Hafenlümmel, auch Mousse vom Schweinefleisch Madras Art mit …«

Ich klappte den Mund zu. Meine Buchhändlerin hatte mich stehenlassen, weil es an der Tür klingelte.

Da bleibt mir nur zu wünschen:

Wohl bekomm's!

Vito von Eichborn

Dieses Buch ersetzt das eigene Erleben nicht

Ein ganzes Buch über Currywurst?« Diese Frage haben mir Freunde und Bekannte immer wieder gestellt, wenn ich ihnen von diesem Projekt erzählt habe. Dann haben wir zwei, drei Aspekte diskutiert, die in diesem Buch besprochen werden sollen, und prompt fanden wir uns in einer anregenden Diskussion wieder. Aber ich will nicht zu viel verraten

Fest steht: Die Currywurst verbindet. So leicht wie an einer Berliner Imbissbude kommen Sie nie wieder ins Gespräch mit Fremden. Wetter, Politik, Wirtschaft, Kultur – nichts ist tabu, immerhin sind Sie unter grundsätzlich Gleichgesinnten. Denn der Verzehr einer klassischen Currywurst ist auch Ausdruck einer Lebenshaltung. Wer das »Steak des armen Mannes« isst, bekennt sich dazu, zur arbeitenden Bevölkerung zu gehören. Kein Wunder also, dass sich immer wieder vor allem Politiker zur Currywurst – und damit zum Volk – hingezogen fühlen, frei nach der Faustregel: Eine öffentlich verzehrte Currywurst bringt mindestens 100 Wählerstimmen.

Aber der Genuss einer Currywurst ist nicht nur ein öffentliches Bekenntnis, sondern eben auch ein Genuss. Die erste Currywurst vergisst man nie, heißt es unter eingefleischten Fans. Meine aß ich einst in der Schlachterei Kuss, einer Berlin-Zehlendorfer Institution an der Clayallee. 1939 hatte die Familie Kuss den Betrieb übernommen, 1973 wurde das Geschäft dann durch einen Imbiss erweitert, in dem auch Currywurst angeboten wurde. Ich erinnere mich gut an die Stehtische, die unter der Platte eine Ablage hatten, die wir Kinder – mangels notwendiger Körpergröße – als Unterlage nutzten. Zwei Mark kostete die Currywurst damals. Irgendwann aber machte Kuss dicht, ein türkischer Imbiss nahm den Platz der Schlachterei ein.

Ach ja: türkischer Imbiss. Gerade in Berlin, könnte man meinen, haben Döner Kebab und Burger die Currywurst auf der Beliebtheitsskala längst überholt. Weit gefehlt! »Die Currywurst ist Berlin pur«, schmettern Hauptstadt-Medien wie die B.Z. in die Welt – und liegen damit sicher nicht falsch, auch wenn seit Jahren ein Wettstreit zwischen Hamburg und Berlin darum tobt, in welcher Stadt denn nun wirklich die Mutter aller Currywürste kreiert worden sei. So kann ein Streit um die beste Currywurst zwischen Elbe und Spree ein harmloses kulinarisches Geplänkel innerhalb weniger Augenblicke in ein wütendes Wortgefecht verwandeln.

Andererseits hat es die norddeutsche Spezialität nicht nachhaltig über den sagenhaften Weißwurst-Äquator hinweg in den Süden geschafft. Frankfurt bietet noch ordentliche Qualität, in Nürnberg jedoch kommt die Currywurst schon nicht mehr gegen die lokalen Rostbratwürstchen an. In München dominieren die Weißwürscht, und in Stuttgart – nun ja: die Saitenwürschtle vielleicht, die so typisch nicht sind und auch als Frankfurter oder Wiener durchgehen. Im proletarischen Westen der Republik dagegen gehört die Currywurst zum Alltag, und als wahre Currywurst-Exklave darf das Saarland gelten, wo es – Gerüchten zufolge – sogar die beste Currywurst Deutschlands gibt.

Exotisch ist die Currywurst allerdings im Ausland, wo ihr mit erheblichem Misstrauen begegnet wird. So wetterte etwa das St. Galler Tagblatt, die »Lieblingswurst der Berliner« sei mit dem Anstieg deutscher Arbeitnehmer zwar vermehrt auch in der Schweiz aufgetaucht, habe in der »flachen Grillrost-Hierarchie aber auch deshalb keine Chance, weil sie geschnitten und mit einer Soße aus Ketchup und Ähnlichem serviert wird«. Und Ähnlichem! Nein, in fernen Ländern werden die Menschen mit der Currywurst nicht warm. Ausnahmen mögen Mallorca oder die Costa Blanca sein, wo die »Curry« mittlerweile zum Strandgut gehört und in allen möglichen Verballhornungen und unmöglichen Variationen feilgeboten wird.

Überhaupt: Die Currywurst wird als deutsches Kulturgut häufig unterschätzt. Das geht auch Dorothea Cerpnjak so, die in ihrem Buch »Kleine Kulturgeschichte der Bratwurst« die Currywurst zwar streift, dabei aber auf übelste Abwege gerät, wenn sie behauptet: »Wenn eine Bratwurst als Currywurst auf dem Teller landet, dann ist das das Schlimmste, was man ihr antun kann.« Na gut, wer Rezepte wie Bratwurstsäulen mit Speck und Emmentaler oder Bratwurst in Biersoße für Errungenschaften deutscher Küche hält, dem mag man solche Schmähungen verzeihen: »Ohne Messer und Gabel ist Currywurst nicht verzehrbar [ ].« Oder: »Currywurst schmeckt nicht nach sich selbst. Sie wird erst durch das Currypulver und eine (Tomaten) Soße zu dem, was sie ist.«

Denn natürlich ist eine wirklich gute Currywurst die perfekte Symbiose von Wurst, Tomatensoße und Currypulver. Diese Kombination optimal und immer wieder zu treffen ist so schwierig, dass kein Imbissbesitzer, der etwas auf sich hält, sein Rezept verraten wird. Das macht aber nichts, denn eine Currywurst ist vor allem etwas für unterwegs, für den schnellen Hunger. Spüren Sie's? Beim Gedanken an eine leckere Currywurst setzt der Pawlowsche Reflex ein, wird der Bauch warm, steigt die Vorfreude. Süß schmeichelt die Tomatensoße der Zungenspitze, leicht pudrig und mit angenehmer Schärfe macht sich der Curry bemerkbar. Und knackig ist der erste Biss auf die heiße Wurst. Sie mögen das? Darum lade ich Sie ein, mir jetzt in die Welt der Currywurst zu folgen.

Wie die Currywurst erfunden wurde

Ein Leben ohne Currywurst? Undenkbar! Selbst für eingefleischte »Curry«-Hasser gehört die Melange aus Tomatensoße, Curry und Wurst wenn auch nicht zum Alltag, so zumindest zum gelegentlichen Schlemmen. Und ein bisschen Anarchie ist doch – huch: Kalorien, Pappschale, Imbiss – mit dabei. Hand aufs Herz: Wer nicht ab und zu Lust auf den deftigen Snack und ein Bier dazu bekommt, der ist entweder verbissener Vegetarier oder er hat keine Ahnung, was wirklich gut ist. Klaus jedenfalls, Klaus weiß Bescheid:

>> *Geht ja nichts über Currywurst, ne?! Mit Ketchup. Aber der Ketchup muss so grade so Zimmertemperatur haben. Keinen Ticken mehr. Dass der so ganz zart auf der Zunge zerschmilzt. Das ist für die Zunge wie Weihnachten, Geburtstag und Namenstag gleichzeitig. Aber, hier, auf keinen Fall Pommes oder so 'n Schnickschnack dazu. Ich mein': Du fährst ja auch nicht Dreirad, wenn du Harley fahren kannst.«*

Zwar ist Klaus nur eine Kunstfigur, erdacht von der Agentur Rapp Collins für ebendiesen Werbeauftritt für die Fluggesellschaft Air Berlin. Aber der Aussage tut das keinen Abbruch. An einer Stelle allerdings irren die Texter: Kein echter Berliner würde die Currywurst-Soße als simplen Ketchup bezeichnen. Damit hat sie auch herzlich wenig zu tun. Aber dazu später mehr.

Sicher ist: Die Currywurst ist fest verankert im Denken der Deutschen – wenn es etwa um einen Vergleich der Metropolen Hamburg und Berlin geht, dann wird unter anderem der »Currywurst-Faktor« angeführt, bei dem die Hauptstadt um Längen führe. Und als im Jahr 2008 ein Slogan für die Hauptstadt-Kampagne gesucht wurde und Bürger ihre Vorschläge einschicken sollten, da landete der flotte Spruch »Sei Wissensdurst, sei Currywurst, sei Berlin!« unter den Top Ten.

Auch im Ausland erkennen immer mehr Menschen die wahre Bedeutung des kultigen Snacks. Ein Abstecher zu Konnopke, Curry 36 oder Ku'Damm 195 gehört heute zum touristischen Standard. Immerhin findet sich die Currywurst in immer mehr Berlin-Reiseführern. Und so fehlt sie denn auch nicht in Klassikern wie dem »Culinary Guidebook Germany« von Joachim Lennert, der seinen englischkundigen Lesern erklärt:

>> *A culinary achievement of the post war era is the Berliner Currywurst, a sausage eaten with one's fingers at vendor stands and served with a portion of a curry-ketchup mixture for dipping. (Eine kulinarische Errungenschaft der Nachkriegs-Ära ist die Berliner Currywurst, eine Wurst, die man mit den Fingern an Imbissständen isst und die mit einer Portion Curry-Ketchup serviert wird, damit man sie eintunken kann.)«*

Es sind also nicht nur die Einheimischen, die sich mit einer »Curry« die Grundlage für die eine oder andere Molle, ein großes Berliner Bier, schaffen. Fest steht: Allein in Berlin gehen Jahr für Jahr rund 70 Millionen Currywürste über die mehr als 200 Imbisstresen, das sind etwas mehr als 20 Stück pro Hauptstädter. In der ganzen Bundesrepublik sinkt der Schnitt aufgrund regionaler Verweigerungshaltung vor allem im Süden auf etwa zehn Würste pro Kopf, insgesamt sind das aber immer noch beachtliche 800 Millionen.

Angesichts solcher Mengen taucht rasch die Frage nach der Urmutter aller Currywürste auf. Die ist so leicht nicht zu beantworten, gibt es doch mindestens drei Fraktionen, die die Urheberschaft für die Ikone der Alltagskulinarik für sich beanspruchen.

Herta Heuwer und ihre patente Wurstkreation

1949. Drei Wochen zuvor haben die Deutschen die Mitglieder des ersten Bundestages gewählt. Noch acht Tage und Theodor Heuss (FDP) wird erstes Staatsoberhaupt der jungen Bundesrepublik. Nicht einmal vier Monate ist es her, dass die Sowjets die Blockade Berlins aufgegeben haben, dass die Rosinenbomber Tag und Nacht ihre Fracht in die geteilte Stadt bringen.

In ihrem Imbissstand an der Kantstraße, Ecke Kaiser-Friedrich-Straße in Berlin-Wilmersdorf steht Herta Heuwer, 36 Jahre alt. Ehemann Kurt ist eben aus amerikanischer Kriegsgefangenschaft zurückgekehrt. Nun muss die tatkräftige Königsbergerin die kleine Familie mit schnellen Speisen über Wasser halten. Und das macht die clevere Geschäftsfrau. Nebenbei probiert sie mit den wenigen Lebensmitteln, die es gibt, neue Rezepte aus. Wichtigstes Ergebnis: die Currywurst.

Allerdings ist Currywurst-Historikern klar: Nicht alles, was in Medienberichten und auf Internet-Seiten als geschichtlich gesichert beschrieben wird, ist wirklich Fakt. Mag sein, dass Herta Heuwer im Alter – sie starb mit 86 Jahren 1999 in Berlin – das eine oder andere Datum durcheinandergebracht hat. Anderes macht sich einfach besser und wird immer wieder von Autoren übernommen. »Die Geschichte der Currywurst ist ein komplexes und verästeltes Labyrinth, durch das sich nur wenige Experten und Sachverständige einen Weg auf den sicheren Steinen der Wahrheit zu bahnen vermögen«, heißt es denn auch auf der Homepage wurstflash.de.

Auf jeden Fall wird die offizielle Geburtsstunde der Currywurst immer wieder auf den Abend des 4. September 1949 gelegt. Auch Herta Heuwer selbst hat dieses Datum immer wieder bestätigt. Sie konnte sich wegen des schlechten Wetters gut daran erinnern – Journalisten haben es mal als stürmisch, mal als verregnet bezeichnet. Heuwer: »Es goss kleene Kinderköppe, keen Mensch war in meiner Bude.« Klingt gut, kann aber nicht sein, denn laut Wetterdienst Meteomedia »geht aus alten Aufzeichnungen hervor, dass es am 4. September völlig trocken war mit viel Sonnenschein. Am Tag zuvor gab es allerdings ein kräftiges Gewitter«. Und tatsächlich: Werner van Bebber notierte anlässlich des Todes von Herta Heuwer am 20. August 1999 in der F.A.Z., die Currywurst sei am 3. September entstanden, »dieses Datum hat ein Verwandter Herta Heuwers ermittelt«. Am wahrscheinlichsten ist, dass Heuwer die Soßenrezeptur beim Tüfteln über Tage hinweg immer wieder verfeinerte und verbesserte, bis sie mit dem geschmacklichen Ergebnis zufrieden war.

Die Marke »Chillup« wie sie sich **Herta Heuwer** 1959 schützen ließ. Der Schutz ist abgelaufen – doch die Wort-Bild-Marke neu an die Erben Heuwers vergeben

Unstreitig ist, dass Herta Heuwer mit Tomatenmark und etwa einem Dutzend Gewürzen hantiert, die sie bei einem Großhändler ergattert hat. In den Tomatenextrakt rührt sie geriebene Paprika, Pfeffer, Curry natürlich, Chili, Salz, Zucker, ein paar aromatische Kräuter. Einen Schuss Worcestersoße gibt sie auch hinein. Gut schmeckt die rötlich-braune Mixtur, kräftig, ein bisschen süß und scharf zugleich. Außerdem gibt es so etwas in ganz Berlin noch nicht. Die Kunden jedenfalls sind begeistert und bestellen immer wieder die neue Kreation. So gut läuft das Geschäft binnen kurzer Zeit, dass Heuwer aus dem Stand eine Imbisshalle macht. 19 Verkäuferinnen arbeiten zu Spitzenzeiten für die Mutter der Currywurst. Nach Jahren kann sie sich vom Erlös ein kleines Haus in der Siedlung Eichkamp dicht an der Avus leisten.

Hätte Heuwer mehr Geld aus ihrem Rezept schlagen können? Bis zu ihrem Tod mochte sie das übrigens niemandem verraten, 1978 soll sie gar sämtliche Unterlagen vernichtet haben. »Erfinder sind manchmal so«, hat eine Nichte der Imbissbesitzerin einmal gesagt. Und immer wieder findet sich die Mär, Heuwer habe, um den Erfolg der Currywurst nur mit ja niemandem teilen zu müssen, das Rezept beim Deutschen Patentamt schützen lassen. Tatsächlich führt die Spurensuche zu einem Warenzeichen mit der behördlichen Nummer 721 319. Doch ein Rezept fand sich – mittlerweile ist die Marke längst gelöscht – mitnichten in den Münchner Unterlagen. Vielmehr hat sich Heuwer am 21. Januar 1959 »das Wort ›Chillup‹ mit einer bestimmten Schriftzuggestaltung als Warenzeichen für eine Spezialsoße eintragen lassen«, teilt eine Patentamtssprecherin mit, »geschützt wurde dadurch nicht das Rezept der Soße«. Um ein Patent also handelt es sich nicht – und selbst ein solches hätte Nachahmer, die sich ab Anfang 1950 immer häufiger in Berlin finden, wohl kaum davon abgehalten, das Soßenrezept abzuwandeln und so an der wachsenden Nachfrage teilzuhaben.

Und so war es denn eher ein Marketing-Gag, dass die Firma Knorr die resolute Ostpreußin dazu überreden will, die Vermarktung der Currywurst gemeinsam anzugehen. Später trauert Heuwer dem Geschäft gelegentlich nach, tröstet sich aber mit dem Gedanken, sie hätte den Imbiss nie aufgeben wollen. Auch so kommt sie gut zurecht, wirbt damit, ihre Imbissbude sei die »1. Currywurst-Braterei der Welt«. Angeboten wird dort »eine von uns erdachte Berliner Spezialität«. Kinowerbung macht Heuwer – kaum vorstellbar für eine Snackbude. 1967 fühlen sich Schlachter und Aufsichtsbehörden in der früheren und späteren Hauptstadt gar bemüßigt, strikte Regeln für die immer beliebtere Currywurst aufzustellen:

 Das Wort ›Currywurst‹ für sich allein ist jetzt an eine Bratwurst gebunden, die der Hackfleischverordnung unterliegt, nur mit Kochsalz hergestellt wird, höchstens einen Fremdwassergehalt von fünf Prozent aufweisen darf und im Sinne der Wurstwarenrichtlinien in die mittlere Qualitätsstufe gehört.«

Mit dem Alter stellt sich für Heuwer weiterer Ruhm ein. Mit Entertainer Thomas Gottschalk plauderte sie über ihre Erfindung, Harald Schmidt ernennt sie in seiner Show zur »Geheimnisträgerin 1. Klasse« – sie hängt sich die Auszeichnung stolz ins Wohnzimmer. Und wenn ihr die Erfindung der Currywurst doch einmal streitig gemacht wird, bügelt sie die Ungläubigen – durchaus liebenswert – ab: »Ich hab' das Patent – und damit basta!«

So hoch werden in Berlin die Currywurst und ihre ungekrönte Königin geschätzt, dass im Juni 2003 eine Ehrentafel zur Erinnerung an Herta Heuwer am Haus Kantstraße 101 angebracht und im Beisein lokaler Prominenz feierlich enthüllt wird. Die damalige Bezirksbürgermeisterin von Wilmersdorf-Charlottenburg Monika Thiemen hält eine kurze Rede, in der sie sagt:

>> *Heuwer hat hier an ihrem Imbissstand die pikante Chillup-Soße erfunden und zum ersten Mal verwendet. Ihre Soße hat die Wurst zur Currywurst gemacht und damit ein Berliner Original geschaffen. Die Currywurst wurde zum kulinarischen Wahrzeichen Berlins und zum Exportartikel. Es gibt Verächter und Liebhaber, es gibt literarische Kommentare, Lieder und Rocksongs, und in unzähligen Filmen spielt sie eine nicht unerhebliche Rolle. Aus Berlin ist sie nicht wegzudenken. Heute erinnern wir an eine einfache Frau, die für Berlin eine bleibende kulinarische Attraktion geschaffen hat.«*

Schöne Worte. Da spielt es kaum eine große Rolle, dass der Text auf der Tafel einen kleinen Fehler (Currywurst-Kenner wissen Bescheid) aufweist: »Hier befand sich der Imbissstand, in dem am 4. September 1949 Herta Heuwer (30. Juni 1913 in Königsberg - 3. Juli 1999 in Berlin) die pikante Chillup©-Sauce für die inzwischen weltweit bekannte Currywurst erfand. Ihre Idee ist Tradition und ewiger Genuss!«

Lena Brückers geniales Malheur

Halt, Stopp! Zwischenruf aus Hamburg! Nicht Herta Heuwer sei die eigentliche Erfinderin der Currywurst, sondern Lena Brücker. Die nämlich habe die Leckerei für Imbisskunden bereits 1947 kreiert, meint eine Fraktion von Curry-Hanseaten. Und damit gebühre der Elbstadt der eigentliche Ruhm und die Bezeichnung »Currywurst-Hauptstadt der Welt«. Ach, liebe Hamburger, so ganz wahr wird diese Geschichte nicht sein. Immerhin hat der Schriftsteller Uwe Timm, der sie einst niedergeschrieben hat, selbst gesagt, sein Werk basiere auf einer »winzigen historischen Authentizität«. Damit meint der Autor wohl vor allem Selbsterlebtes – immerhin hat er nach eigenem Bekunden seine erste Currywurst an einer Bude hinter der St.-Michaelis-Kirche, dem bekannten »Michel«, verspeist.

Lena Brücker tauscht im Nachkriegs-Hamburg bei einem britischen Offizier einen Pelzmantel unter anderem gegen 30 Flaschen Ketchup und eine große Dose Currypulver. Brücker mag den Geschmack des exotischen Gewürzes gar nicht recht, aber ein englischer Chauffeur bringt sie mit ihren Neuerwerbungen nach Hause und hilft ihr, die Schätze nach oben zu tragen. Doch da passiert es: Brücker stolpert. Aber Nacherzähltes kommt an die Erzählung natürlich nicht heran. Hier also ein kurzer Auszug aus der Novelle »Die Entdeckung der Currywurst«:

> *Klatsch. Drei Flaschen Ketchup waren kaputt. Sie machte oben Licht, schloß die Tür auf. Ein roter Matsch. Und in dem Matsch auch noch das Currypulver aus der Dose, die sie im Auto aufgemacht hatte, um an dem Curry zu lecken. Und da setzte sie sich auf die Treppe und begann zu heulen, konnte dem Tommy, der sie zu trösten versuchte, nicht erklären, daß es nicht die drei kaputten Ketchupflaschen waren und auch nicht das Currypulver, das verschüttet war, auch nicht, daß ihr das Zeug nicht schmeckte, daß sie glaubte, den denkbar schlechtesten Tausch ihres Lebens gemacht zu haben. (…) Sie nahm den Karton mit den heilen und den drei kaputten Flaschen hoch und trug sie in die Küche. Glücklicherweise waren die Flaschen nicht so kleingesplittert, daß man den rotbraunen Matsch hätte wegkippen können. Sie holte den Abfalleimer, wollte es wegschmeißen, da leckte sie gedankenverloren an den verschmierten Fingern – leckte nochmals, hellwach, und nochmals, das schmeckte, das schmeckt so, daß*

sie lachen mußte, scharf, aber nicht nur scharf, etwas Fruchtig-feuchtscharfes, lachte über dieses Mißgeschick, diesen schönen Zufall. (...) Sie stellte die Pfanne auf das Gas und schüttete den vom Boden zusammenge-schobenen Curry samt Ketchup hinein. Da, langsam, erfüllte sich die Küche mit einem Duft, einem Duft wie aus Tausendundeiner Nacht. Sie probierte, von diesem warmen, rötlichbraunen Matsch und schmeckte, das schmeckte, ja, wie schmeckte das? Es war ein Kribbeln auf der Zunge, der Gaumen schien sich zu weiten, genau, das war es, was so schwer beschreibbar ist, mit bitter oder süß und schon gar nicht mit scharf, nein, der Gaumen wölbte sich, machte sich und die Zunge spürbar, ein Erstaunen, etwas, das sich auf sich selbst, auf das Schmecken rich-

Schwarz-Weiss Filmverl.

Barbara Sukowa als Lena Brücker im Film »Die Entdeckung der Currywurst« (2008) vor dem Curry-Eck, in dem 1947 angeblich die erste Currywurst überhaupt verkauft wurde.

tete. Ali Baba und die vierzig Räuber, Rose von Stambul, das Paradies. Den Abend über experimentierte sie, nahm kleine Proben von dem Matsch am Boden, tat etwas Pfeffer-minze und etwas wilden Majoran hinzu, was beides nicht so gut schmeckte, versuchte es mit etwas Vanille, was gut war, mit et-was schwarzem Pfeffer, den ihr Holzinger damals gegeben hatte, etwas von dem Rest Muskatnuß, die sie für Bremers Kartoffelbrei organisiert hatte, und etwas Anis. Sie schmeckte diesen rotbraunen Matsch ab: Genau das war die Abrundung. Dafür gab es keine Worte. Und weil sie seit dem Frühstück nichts gegessen hatte, schnipselte sie sich eine von den hautlosen Kalbsbratwürsten in die Pfanne, briet sie mit dem Currymatsch. Und was sonst nur dröge und labberig schmeckte, war fruchtigfeucht mit diesem fernen, unbeschreibbaren Geschmack. Sie saß und aß mit Genuß die erste Currywurst.«

Auch so also könnte sie durchaus entstanden sein, die erste Currywurst – ein Ergebnis eines Malheurs in einem finsteren Hamburger Treppenhaus. Brücker jedenfalls eröffnet einen Imbiss am Hamburger Großneumarkt, zu dem »zuerst die Nutten aus dem Billigpuff der Brahmsstraße« kommen. Sie sind begeistert, und die Berliner Prostituierte Lisa sagt, glaubt man Timm, »det macht Musike«. Und so, heißt es in der Novelle, begann der Siegeszug der Currywurst, über eine Bude an der Reeperbahn und das Viertel St. Georg mit der Lisa nach Berlin. Die macht dort einen Stand an der Kantstraße auf.

Quatsch, wettert Gerd Rüdiger, Verfasser des Buches »Currywurst – ein anderer Führer durch Berlin« und ausgewiesener Experte – allerdings auch befangener Eiferer – in Sachen Currywurst. Schon die Tatsache, dass Brücker »zerschnittene Kalbsbratwürste in Currysoße gerührt« verkauft habe, drehe ihm den Magen um.

> Der Hamburger **Uwe Timm**, geboren am 30. März 1940, ist Schriftsteller und promovierter Germanist. Die Novelle »Die Entdeckung der Currywurst«, erstmals veröffentlicht 1993, ist sein wohl größter Erfolg. Das Buch wurde verfilmt und in mehr als 20 Sprachen übersetzt.

In diverse Lexika und übrigens auch in den Schulunterricht hat es Timms Erzählung dennoch geschafft. Und der umstrittene damalige Hamburger Innensenator Ronald Schill enthüllte im Sommer 2003 – wenige Tage nach dem Staatsakt zu Ehren Herta Heuwers in Berlin – feierlich eine ganz ähnliche Tafel am Großneumarkt 10. Der »Currywurst Club Hamburg« (CCH, www.wurstflash.de) hatte sich für die Aktion stark gemacht, um der »Dreistigkeit der Berliner Geschichtsfälscher« beherzt entgegentreten zu können. Uwe Timm wird es aus dem fernen München mit einem Schmunzeln zur Kenntnis genommen haben.

Wer heute allerdings auf Spurensuche im Hamburger Kiez unterwegs ist, wird enttäuscht: Schon im Oktober 2003 wurde die Tafel heimlich abmontiert. Wo sie geblieben ist, weiß niemand – auch nicht die Polizei, die damals ermittelt hatte.

Auch in Sachen Currywurst bleiben einige Fragen unbeantwortet. Timm: »Die meisten bezweifelten, daß die Currywurst erfunden worden ist. Und dann noch von einer bestimmten Person? Ist das nicht wie mit den Mythen, Märchen, Wandersagen, den Legenden, an denen nicht nur einer, sondern viele gearbeitet haben? Gibt es den Entdecker der Frikadelle? Sind solche Speisen nicht kollektive Leistungen?« Ja, ein gutes Stück Mythos ist sicher dabei. Aber es gibt noch einen Erklärungsversuch, der zurück nach Berlin führt.

Konnopke und der Brückenschlag zwischen Amerika und der DDR

Auch Max Konnopke hätte der Currywurst-Erfinder sein können. Oder hat er die Idee einfach nur abgekupfert?

Max Konnopke wird 1901 in der Nähe von Cottbus geboren. Seine Eltern sind Bauern, und fürs Leben ist nie genug Geld da. Nach der Schule verdingt sich der Teenager als Gelegenheitsarbeiter. Ein paar Jahre später macht sich Konnopke auf nach Berlin. Doch die Zeiten sind schwierig, die Weltwirtschaftskrise hat Deutschland weiter fest im Griff. Konnopke gibt nicht auf und entschließt sich 1930, aus dem Max einen Wurstmaxe zu machen. Einen Wurstkessel kauft er sich, einen Klapptisch dazu, einen Schirm. Und dann zieht er los, sieben Tage in der Woche, jede Nacht von 19 Uhr bis in die Morgenstunden. Pfiffig ist er, der Max. Bald kann er sich ein Motorrad leisten und hat so gegenüber den anderen Wurstmaxen die Nase vorn. Und als 1939 das Fleisch knapp wird, es Wurst nur noch auf Lebensmittelmarken gibt, da sattelt er um auf Kartoffelpuffer.

1941 muss Max Konnopke als Soldat in den Krieg. Er wird gefangengenommen und kehrt erst 1947 wieder zurück. Was tun im zerbombten Berlin? Konnopke macht wieder auf Wurstmaxe. Einen Wagen baut er sich, verkauft seine Würste am Antonplatz in Weißensee und an der Schönhauser Allee am Prenzlauer Berg. 1960 reicht das Geld für den Bau fester Holzkioske. Und dann ist es so weit: Es schlägt – gewissermaßen – die Geburtsstunde der ostdeutschen Currywurst. Denn Max' Ehefrau Charlotte rührt am heimischen

Herd die Soße an, die Max dann über die Wurst gibt. Ketchup ist die Basis, denn, so Mario Ziervogel, Enkel des Firmengründers: »Der ist das Wichtigste, die Wurst an sich ist relativ geschmacklos.« Da spielt die Soße eine gewichtige Rolle. Kein Wunder, dass das Geheimnis – ähnlich strikt wie bei Herta Heuwer – gehütet wird. Immerhin weiß bei den Ostberlinern die Familie, wie es geht. Und als Max Konnopke seine Geschäfte 1976 an seine Kinder übergibt – Charlotte arbeitet bis drei Jahre vor ihrem Tod mit 99 Jahren weiter mit, im Frühjahr 2009 stirbt sie – und Tochter Waltraud den heute noch berühmten Imbiss unter der U-Bahn-Brücke am Bahnhof Eberswalder Straße bekommt, da wird sie die Lord-Siegel-Bewahrerin des Currywurst-Rezeptes.

»Der Eckart Witzigmann zum Beispiel ist ganz heiß auf unser Rezept«, plaudert Mario Ziervogel einmal aus dem Nähkästchen. Und tatsächlich: Als die Wochenzeitung »Die Zeit« Anfang 2008 ein Gespräch zwischen dem »Koch des Jahrhunderts« (Gault Millau 1994) und der »Königin der Currywürste« vermittelt, da fragt Witzigmann ziemlich schnell: »Sie sind doch berühmt für Ihre spezielle Ketchup-Curry-Mixtur. Verraten Sie mir, wie Sie die machen?« Aber Waltraud Ziervogel bleibt hart: »Nein, das wird niemandem verraten.«

Konnten die Konnopkes denn ihre spezielle Soße in einem Land, in dem so viele Lebensmittel Mangelware waren, immer wieder in unveränderter Qualität herstellen? »Klar«, sagt Bernd Oriwol, der in den 80er-Jahren eine Kneipe in Ostberlin betrieb, »es hat doch alles gegeben, auch Worcestersoße. Nur hat jeder ein Geheimnis draus gemacht. Man brauchte nur Kontakte.« Lediglich Naturdarm, so Waltraud Ziervogel, den gab es im Osten nicht. Also entwickelte der Konnopke-Clan gemeinsam mit einem befreundeten Fleischer eine darmlose Wurst. Die kostete 90 Pfennig, mit Brötchen 95 Pfennig. Das staatliche Fleischkombinat gab die Preise vor. Klar, dass zum Niedrigtarif auch Menschen mit niedrigem Einkommen zugriffen – oft schon zum Frühstück. Um 4.30 Uhr, wenn Waltraud Ziervogel den Rollladen vor den Kioskfenstern hochzog, standen

dort oft schon 150 und mehr Menschen, die auf die erste »Curry«
warteten.

Und so gingen denn auch im Osten der geteilten Spreestadt jeden
Tag unzählige Currywürste über den Tresen. Ungeschnitten übri-
gens. Den Grund beschreibt die Schriftstellerin Inge Gulben in ihrem
Buch »Berlin – Stadt der Currywurst«:

> *Im Westen wird die Currywurst in kleine Stücke zerschnitten.*
> *Im Osten gibt es die Wurst im Ganzen. Sie liegt auf einer*
> *Pappe, übergossen mit Ketchup. Der Imbissbesitzer reicht zum*
> *Zerschneiden das Besteck heraus. Irgendwann frage ich eine*
> *Imbissverkäuferin, warum das so ist. Sie sagt: ›Ganz einfach,*
> *wenn die Wurst zerschnitten ist, könnte ein Stück fehlen. So*
> *sieht der Kunde die ganze Wurst und fühlt sich nicht betro-*
> *gen.‹«*

Profaner sieht das Waltraud Ziervogel, die die Currywurst am
liebsten auf einem Porzellanteller serviert, »am besten im Stück, geschnittene Currywurst ist doch so eine neumodische Erfindung«.
Und die Currywurst? Ist das nun auch eine Erfindung, womöglich
der Konnopkes? Immerhin hat Charlotte, die Frau von Max, lange
herumexperimentiert, mit Tomatenmark, Paprikapulver aus Ungarn,
verschiedenen Gewürzen, Essig …

Und schließlich hat Ziervogel noch eine ganz nüchterne Erklärung
für die Entstehung des Berliner Nationalgerichts: »Die Amerikaner
oder Engländer, die haben die Curry-
wurst nach dem Krieg nach Deutschland mitgebracht.« Als »Steak des
kleinen Mannes« begann sie
ihren Siegeszug. Aber das Epi-
zentrum dieser kulinarischen
Erschütterungen befindet sich
auch heute noch unter den
Bögen der Berliner U-Bahn.

ExQuisine

Prominente lieben Currywurst – aber warum?

Prominente schätzen die Currywurst – vor allem, wenn ihr Stern im Sinken begriffen ist. Simpelste Interpretation: Durch das öffentliche Bekenntnis zur »Arbeiterspeise« rufen die Stars dem Bürger zu: »Seht her, ich bin einer von euch!« Der bekannteste Currywurst-Fan ist sicher Altkanzler Gerhard Schröder. Doch nicht immer klappt es, Persönlichkeiten und die Currywurst in Verbindung zu bringen.

Ein Beispiel: Gottfried Benn. Der Dichter (1886 - 1956), der einen Großteil seines Lebens in Berlin verbrachte, könnte durchaus die eine oder andere Currywurst genossen haben. Doch im Gespräch mit der Zeitung »Junge Welt« zerstört Ursula Ziebarth diesen schönen Gedanken. Denn Ziebarth, Schriftstellerin und in seinen letzten Lebensjahren Freundin Benns, meint auf die Frage, ob Benn Currywurst gegessen habe, sie habe ihn Bratwurst oder dergleichen nie essen sehen. Sie glaubt auch, »dass die triefende Natur der Speise bei dem peniblen Benn den Appetit darauf gering gehalten hätte«. Vielleicht war der Dichter auch schlicht zu krank, um den Weg zu Herta Heuwers Imbissbude anzutreten.

Nicht in Herta Heuwers Bude, sondern in Lena Brückers Curry-Eck stand Barbara Sukowa. Denn die Schauspielerin, geboren 1950, verkörpert die Hamburgerin im Film »Die Entdeckung der Currywurst« nach der Novelle von Uwe Timm. Klar, dass Sukowa, die heute in New York lebt, auch immer wieder nach ihrer persönlichen Beziehung zu der schnellen Köstlichkeit zwischendurch befragt wurde. Und mag sie jetzt Currywurst? »Wo ich wohne, gibt es ja nicht so viele Currywurst-Buden. Aber neulich stand ich am Brandenburger Tor und habe da ganz gerne eine gegessen. Das ist jetzt aber keine Entdeckung, die ich durch den Film gemacht habe.«

Trotzdem: Prominente und Currywurst – irgendwie passt das ganz gut zusammen. Besser jedenfalls als, sagen wir: Döner oder Hamburger. Unvorstellbar etwa, dass Angela Merkel sich mit einem aufgeschnittenen Sesambrot und herausquellenden Fleischbröckchen fotografieren ließe. Oder ein Schauspieler wie Sky Dumont, demonstrativ an einem Cheeseburger kauend.

Von Eichel bis Westerwelle – Currywurst als öffentliches Bekenntnis

Als besonders bissiger Verfechter des Mottos »Freiheit für die Currywurst« hat sich vor Jahren der damalige Bundesfinanzminister Hans Eichel erwiesen. Der Hesse musste sich mit einer Initiative von Verbraucherministerin Renate Künast und deren Parteifreundin Ulrike Höfgen auseinandersetzen. Denn die beiden Grünen hatten sich im Jahr 2004 angesichts knapper Kassen den ermäßigten Mehrwertsteuersatz für Lebensmittel vorgenommen. Der Vorstoß der Politikerinnen zielte auf sehr kalorien- und zuckerreiche Lebensmittel wie Limonaden, Pommes frites – und eben Currywurst.

Doch die gesundheitsbewussten Volksvertreterinnen hatten die Rechnung ohne des Kanzlers treuen Vasallen Eichel gemacht. Der nämlich sprang energisch für das Lieblingsgericht seines Chefs Gerhard Schröder in die Bresche. Er denke nicht daran, die Mehrwertsteuer für die Kanzlerplatte zu erhöhen, teilte der kühle Rechner mit. Zur Begründung erklärte das Finanzministerium: »Die Erhebung des vollen Mehrwertsteuersatzes für Lebensmittel mit erhöhtem Zucker-, Fett- oder Salzgehalt ist schlicht nicht durchführbar.«

Damit hat Eichel seinem Vorgesetzten einen großen Gefallen getan. Der hatte schon als niedersächsischer Ministerpräsident mit Amtssitz Hannover – Hannover! – erklärt, die beste Currywurst gebe es im Osten der Leinestadt. Souverän allerdings gab sich der eben gewählte Regierungschef beim Umzug nach Berlin. »Gute Currywurst gibt es an sehr vielen Orten«, ließ er die Bundesbürger wissen. Und hatte damit seinen Ruf als »Curry-Kanzler« weg. Immerhin: Sein Vorgänger Helmut Kohl schwärmte unverhohlen für die Pfälzer Spezialität Saumagen, ließ sie unverdrossen auch Staatsgästen auftischen, griff gelegentlich aber doch zur Currywurst. Das aber machte sich in den Medien nicht allzu gut, daher ließ sich Kohl im Gegensatz zu Schröder nicht gern an den einschlägigen Imbissbuden in der Bundeshauptstadt ablichten.

Schröder dagegen machte nie einen Hehl aus seinen fleischlichen Vorlieben. Der Kanzler, der schon mal jovial nach einer Flasche Bier verlangte, stellte sich bei Konnopke an den Tresen und erzählte immer wieder: »Es ist ja hinlänglich durch Presse und Fernsehen gegangen, dass mich manchmal der Heißhunger auf Currywurst befällt.« Schröders damalige Ehefrau Hiltrud, genannt Hillu, mochte ihrem Gatten jedoch nicht auf solche kulinarischen Entdeckungsreisen folgen. Kein Wunder: Niedersachsens First Lady war bekennende Vegetarierin. Nicht bestätigt ist allerdings das Gerücht, Schröder habe sich 1997 nur deshalb scheiden lassen, weil Hillu sich weigerte, ihm auch zu Hause eine solide Currywurst aufzutischen.

Weit über die Grenzen der Republik hinaus ist die Kunde vom Ruhm der Currywurst und von der kanzlerschen Affinität zu dieser mittlerweile gedrungen. Wenn man dem Magazin »Der Spiegel« trauen darf, hat das zu einer humorigen Episode mit dem Erdölminister Angolas geführt. Der Mann hört auf den wohlklingenden Namen Desidério da Graça Veríssimo e Costa. Nach einem Gespräch mit dem damaligen Bundeswirtschaftsminister Michael Glos im Herbst 2008 bekundete der Afrikaner seinen Appetit auf eine Currywurst. Ein deutscher Berater brachte den 74-Jährigen daraufhin zum Imbissstand Curry 36 in Kreuzberg. Zitat »Der Spiegel«:

> Bei Flaschenbier verspeiste der Minister aus Angola an einem der vollen Stehtische auf dem Bürgersteig gleich mehrere Bock- und Currywürste – und offenbarte, dass er offenbar etwas missverstanden hatte. Er war der irrigen Meinung, dass Alt-Kanzler Schröder der Eigentümer der Würstchenbude sei: ›Wenn Herr Schröder einen solchen Imbiss in Luanda (Hauptstadt von Angola) eröffnet, macht er ein Bombengeschäft‹.«

Nicht jeder jedoch geht mit seinem Faible für die süßlich-scharfe Leckerei so offenherzig um wie Schröder. Dass ein Politiker wie Klaus Wowereit, SPD, die Öffentlichkeit nicht gern in die eigenen vier Wände blicken lässt, ist nachvollziehbar. Dass der Regierende Bürgermeister von Berlin aber gewissermaßen schon von Amts wegen die eine oder andere Currywurst verzehren muss, liegt auf der Hand. Bei einem Foto-Shooting mit dem Kameramann Michael Ballhaus gestand der Berliner seine Schwäche für den schnellen Curry-Snack. Er gehe am liebsten, so der Regierende, zum Ku'damm 195, wo er es sich an der gleichnamigen Imbissbude gelegentlich schmecken lasse.

Als FDP-Chef brachte **Guido Westerwelle** die Currywurst in den Bundestag ein.

Doch der kalorienreiche Genuss ist nicht nur den Mitgliedern der »Arbeiterpartei« vorbehalten, auch bei den Christlichen steht die Currywurst ab und an auf dem Speiseplan. So grummelte Roman Herzog, damals Nummer 1 im Staate Deutschland, er befrage bei der Nahrungsaufnahme nicht Arzt oder Apotheker, sondern ignoriere – zumindest in diesem Fall – ausdrücklich Vitamine und Kalorien. Und während seiner Zeit im Amtssitz des Bundespräsidenten, dem Berliner Schloss Bellevue, wird sich auch der CDU-Politiker (und Bayer) durchaus dem typischen Lob an den Imbissbuden angeschlossen haben: »Schmeckt nicht schlecht!«

Für einen Menschen, der südlich des Weißwurst-Äquators aufgewachsen und verwurzelt ist, ist das schon ein sehr offenherziges Geständnis. Ein eher mittelbares Outing dagegen leistete sich Guido Westerwelle, damals Mitglied des Bundestages und FDP-Chef und heutiger Außenminister: Er wetterte gegen das Konjunkturpaket, das die Regierungsparteien im Januar 2009 auf den Weg bringen wollten. Doch der streitbare Liberale schimpfte, die Milliarden dienten vielleicht dem Frieden der Koalition, mit Sicherheit jedoch nicht der

Deutscher Bundestag/Lichtblick/Melde

Stabilisierung der Konjunktur. Gerade 3,10 Euro pro Kopf machten die vereinbarten Steuersenkungen aus. »Das ist eine Currywurst mit Mayo – ohne Pommes«, rechnete der Politiker wütend vor – und offenbarte damit trotz Dienstsitz in der Hauptstadt erschreckende Schwächen im Umgang mit dem Berliner Nationalgericht. Denn Currywurst mit Mayonnaise fiele nun wirklich keinem Einwohner der Spreemetropole ein. Und statt Pommes frites gehört eine knusprige Schrippe dazu.

Abschließend soll noch einmal Klaus Wowereit, Regierender Bürgermeister von Berlin, zu Wort kommen. Er forderte nämlich auf der Jubiläumsfeier der Fluggesellschaft Air Berlin Firmenchef Joachim Hunold auf, er möge doch Sorge tragen, dass seine, Wowereits, Lieblingsspeise in ausreichender Menge an Bord der Jets vorhanden sei: »Arbeitet daran: Genügend Currywürste, das ist die Parole!« Recht hat der Mann.

Höchste Weihen:
Currywurst in den Vorstandsetagen

In Zeiten der Wirtschaftskrise, möchte man meinen, ist der öffentliche Verzehr einer Currywurst auch für Wirtschaftslenker ein guter Weg, um Volksnähe zu demonstrieren. Doch als die Finanzkrise 2008 mit voller Wucht ausbrach, strömte zwar »das einfache Volk« vermehrt an die Tresen, um die eine oder andere Currywurst als nahrhaften Lunch zu verspeisen und so manchen tristen Gedanken mit einer Molle hinunterzuspülen. Aus den sogenannten Teppichetagen, insbesondere der Banken, ließ sich niemand blicken. Auch in Interviews, in denen die Topmanager sonst gern durchblicken ließen, dass auch sie sich wie der Angestellte hinterm Schalter oder gar das Putzpersonal beim Essen mit dem Holzspießchen schon mal den teuren Schlips bekleckerten, tauchte die Currywurst nicht mehr auf.

Der Grund liegt auf der Hand: Eine Pappschale mit Currywurst passte nicht mehr zu den Bonusjägern und Millionenverdienern. Wer als »Abzocker« (»Bild«-Zeitung) tituliert wird, mag sich nicht mehr mit den normalen Mitarbeitern gemein machen. Wer siebenstellige Einkommen einstreicht, kann mit einer Currywurst für zwei oder drei Euro auch keinen Blumentopf mehr gewinnen.

Apropos Abzocker: Als solcher wurde auch Utz Claassen immer wieder bezeichnet. Den Mittvierziger, einst Chef von Deutschlands drittgrößtem Stromkonzern EnBW, brachte es 2007 in die Schlagzeilen, weil er sich ein sattes Übergangsgeld ausgehandelt hatte. Das musste sein Arbeitgeber laut Vertrag zahlen, obwohl Claassen das Unternehmen auf eigenen Wunsch verließ. Claassen gab sich streitbar und versuchte, sich ein kerniges Image zu verpassen. Mit derben Sprüchen wie »Ich bin lieber ein Elektroschocker als ein Weichei« provozierte er die Kunden. Dass er sich gern als »bekennenden Currywurst-Esser« beschreiben ließ, half da auch nichts mehr – obwohl Claassen angeblich bis zu 20 PR-Berater beschäftigte.

So richtig gebracht hat das Bekenntnis zum Lieblingsgericht »Currywurst mit Pommes« auch René Obermann nichts. Zwar joggt der Studienabbrecher gern, fährt auch mal Motorrad. Aber: Als Typ wirkt Obermann eher charmant und elegant und nicht so richtig bodenständig. Auch seine Lebensgefährtin, die Polit-Talkerin Maybrit Illner kann man sich nur schwer als Currywurst-Liebhaberin vorstellen. Fest steht: Der Job als Vorstandschef beim rosa Riesen Deutsche Telekom macht Obermann nicht wirklich beliebt bei den Telefonnutzern. Zudem trügt der freundliche Schein offenbar, denn auch bei seinen Mitarbeitern trägt Obermann die Spitznamen »Bulldozer« und »Dobermann«.

Als »Boss mit zwei Gesichtern« gilt Managern und Gewerkschaftern Wendelin Wiedeking. Der wohl bestbezahlte deutsche Vorstandschef, der seinen Job bei Porsche bereits 1993 übernahm, inzwischen allerdings seinen Hut nehmen musste, frönt in seiner Freizeit laut Wikipedia einem eher trivialen Hobby: Er sammelt Modellautos und -eisenbahnen. Und auch sonst beweist der Multimillionär Nähe zur Heimat. So ist er an einer Schuhmanufaktur beteiligt, die ihren Sitz an Wiedekings Wohnort Bietigheim-Bissingen hat. Neben seinem eher unauffälligen Privatleben ist Wiedeking aber auch für Schlagzeilen gut, zum Beispiel im Rahmen des Versuchs der mehrheitlichen Übernahme des Wolfsburger Autobauers Volkswagen. Der – immerhin größter deutscher Currywurst-Hersteller – war gar nicht glücklich über den Einfluss der Zuffenhausener. Doch schon relativ bald gab sich VW-Lenker Martin Winterkorn in Gesprächen ziemlich entspannt. Der »FAZ« berichtete der bullige Manager schon Anfang 2008 über sein Verhältnis zu Wiedeking: »Das ist gut. Wir waren vor Weihnachten zuletzt gemeinsam zu Abend essen, bei Aufsichtsratssitzungen sitzen wir mittags zusammen bei einer Currywurst, nach Präsidiumssitzungen trinken wir abends ein Bier.« Gemeinsame Currywurst? Bei so viel Harmonie kann es keine tiefgreifenden Differenzen geben – könnte man glauben. Doch die Zerwürfnisse gipfelten dann doch im großen Knall …

E.ON-Chef **Wulf Bernotat** hat die Vorliebe für Currywurst mit Altkanzler Gerhard Schröder gemeinsam

Andreas Pohlmann

Ungleich ruhiger geht es da in Düsseldorf zu. Der kernige Manager Wulf Bernotat sitzt da dem Energieversorger E.ON vor, Deutschlands größtem Stromkonzern. Und obwohl Bernotat, der seit 2003 die Nummer 1 des Konzerns ist, während seiner Karriere auch fast zwei Jahre lang in der Feinschmecker-Metropole Paris gearbeitet hat, teilt er nach eigenem Bekenntnis mit Altkanzler Gerhard Schröder und vielen anderen Managern die Vorliebe für Currywurst.

Ach, wären doch alle Topleute der Wirtschaft so wie Hartmut Ostrowski. Der gebürtige Bielefelder ist zwar inzwischen nach Gütersloh gewechselt, ist damit jedoch dem Regierungsbezirk Detmold treu geblieben. In der westfälischen Provinz hat Ostrowski die schwierige Aufgabe, das Medienkonglomerat Bertelsmann durch die Wirren der Wirtschaftskrise zu steuern. Dabei beweist Ostrowski, Jahrgang

1958, immer wieder Bodenständigkeit, etwa durch seine Verbindung zum TuS Dornberg, wo er im Vorstand sitzt, und durch seine Leidenschaft für Arminia Bielefeld. Und »Die Zeit« stellte anlässlich eines Porträts zum Amtsantritt im Januar 2008 fest:

> *Wenn es noch eines Beweises bedurft hätte, wie sehr der Manager die Normalität genießt und auch braucht, dann hat er ihn am Tag seiner Ernennung geliefert. Nachdem er in Berlin dem aus aller Welt angereisten Bertelsmann-Management als künftige Nummer 1 präsentiert worden war, ließ er sich zu einer Imbissbude fahren. Dort ließ Ostrowski den künftigen Vorstandschef für einen Moment im Fonds zurück – und bestellte zur Entspannung eine Currywurst.«*

Nicht immer allerdings ist das Gespann Teppichetage und Currywurst ein wirklich glückvolles. Vor allem im Zusammenhang mit Banken wird der Ruf der Berliner oder Hamburger Spezialität gelegentlich bekleckert. Wenn es etwa in einem Börsenbericht heißt, »zu den größten Verlierern zählte die Commerzbank, deren Aktien um 4,3 Prozent auf 2,67 Euro einbüßten – ungefähr der Preis einer Currywurst«, nagt das auch an den fleischlichen und Soßenqualitäten des Schnellgerichts. Und als Josef Ackermann, Schweizer und Präses der Deutschen Bank, Anfang 2009 mit einem Schwächeanfall ins Krankenhaus musste, da wurde die Schuld nicht auf den Stress geschoben – immerhin hatte Ackermann den ersten Milliardenverlust in der Geschichte des Geldinstituts einräumen müssen. Vielmehr wurde kolportiert, das Essen beim anschließenden Neujahrsempfang habe Ackermanns Kreislauf sacken, die Knie weich werden lassen. Und natürlich: »Es gab Berliner Spezialitäten.« Nur wenige Ehrenretter stellten hinterher öffentlich fest, Ackermann habe von Bouletten und Currywurst kaum probiert. Ihr Ruf verhallte weitgehend ungehört.

Und ja, zu einer Branche, derzeit besonders stark Not leidend, passt die Currywurst sogar international: Es geht um Automobile und um noch einen Schweizer: Robert A. Lutz, genannt Bob Lutz.

Der Mann ist General-Motors-Urgestein, Jahrgang 1932 und war bis März 2009 als Entwicklungschef im Vorstand des US-Konzerns. Als wirklich bodenständig geht Lutz nicht durch, immerhin besitzt er mehrere Kampfjets, mit denen er den Himmel über Amerika unsicher macht. Aber im Fragebogen der »Bilanz« gab er sich unprätentiös und machte auf die Frage »Hummer oder Currywurst?« eine klare Ansage: Currywurst.

Jetzt wird's sportlich: Currywurst und Wettkämpfer

Eine der schönsten Currywurst-Geschichten mit Bezug zum Sport ist die um die sogenannte Currywurst-Affäre. Im Mittelpunkt der Story steht der Basketballer Marcus Slaughter. Der spielte einst in der amerikanischen Topliga NBA, fasste dort jedoch nicht so recht Fuß. Er wechselte erst nach Izmir, dann nach Jerusalem. Doch als er vor einem Auswärtsspiel Damenbesuch im Hotel empfing, reichte es den Vereinsoffiziellen. Sie setzten den sprunggewaltigen Spieler vor die Tür. Schließlich landete Slaughter bei den Bremerhavener Eisbären, wo er sich gut machte: Immerhin brachte er es zum besten Werfer in der gesamten deutschen Liga. Allein – der Ami wurde auch an der Nordseeküste gefeuert. Inoffizielle Begründung: der Verzehr einer Manta-Platte ganze 40 Minuten vor der Startsirene zu einem Pokalspiel gegen die Giants Düsseldorf. Das Management wollte diese Gerüchte zwar nicht bestätigen, sprach vielmehr von Kommunikationsstörungen und anderen Problemen. Da Slaughter allerdings darauf bestand, er habe seinen Imbiss bereits zwei Stunden vor Spielbeginn verputzt, wird an der Story wohl doch etwas dran sein. Die etwas ungewöhnliche Vorbereitung aufs Match dürfte allerdings nur der letzte Ketchup-Tropfen gewesen sein, der das Fass schließlich zum Überlaufen brachte.

Die schlaksigen Kerle vom Basketball können sich kalorienreiche Kost sicher leisten. Das haben sich wohl auch die PR-Berater des Vereins Alba Berlin gedacht, als sie Casey Jacobsen brieften. Denn als der Ballkünstler aus Salt Lake City am Flughafen Tegel vor die wartenden Reporter trat, hatte er zumindest eine ungefähre Vorstellung von dem, was ihn in Deutschland erwarten sollte. »Haben Sie eine Lieblingsspeise?«, fragte ein Journalist. Und Jacobsen antwortete brav: »Deutsches Essen ist einfach klasse. Einer meiner Favoriten ist Currywurst. Wie ich hörte, bin ich da in Berlin genau richtig.«

Eine der wenigen Frauen, die wie selbstverständlich und auch unter Beobachtung zur Currywurst greifen, ist Sina Schielke. Die blonde Sprinterin, von der Presse mal zum »Glamourgirl der deutschen Leichtathletik«, dann zur »zweiterotischsten Frau des Landes« oder schlicht zur »süßen Sina« verklärt, hatte in einer schwachen Stunde einmal just gegenüber dem Mitarbeiter einer Presseagentur bekundet, sie esse »gern Pommes mit Currywurst. Und jeden zweiten Tag Schokolade!«. Woraufhin ihre Essgewohnheiten weitgehend auf diese Vorlieben reduziert wurden. Dass die 100-Meter-Läuferin nicht allzu sehr auf übermäßige Kalorienaufnahme achten musste, an dieser Erkenntnis ließ Schielke die deutsche Öffentlichkeit übrigens gleich mehrfach teilhaben – einmal im »Playboy«, ein anderes Mal in der inzwischen eingestellten Hochglanz-Illustrierten »Max«.

Werder-Bremen-Manager **Klaus Allofs** schätzt nach eigenem Bekunden ein gutes Restaurant, mag aber auch Currywurst mit Pommes am Werder-Grill neben dem Stadion.

Ganz anders dagegen Klaus Allofs, der in »Bild« bekannte, er kämpfe mit der 90-Kilo-Marke und hätte gern fünf Kilo weniger auf den Rippen. Dieses Ziel allerdings könnte der Manager des Fußball-Klubs Werder Bremen wesentlich leichter erreichen, wenn er auf einige seiner Vorlieben verzichten würde, nämlich auf gute Restaurants und guten Wein. Und, ach ja, da ist natürlich auch noch die Currywurst, die Allofs gern beim Stadion um die Ecke am Werder-Grill bestellt, mit Pommes.

Überhaupt ist der Fußball eine der Currywurst-Domänen schlechthin. Der Volkssport vereint in großen Arenen schnell 30 000, 40 000 Zuschauer. Die mögen Pizza und belegte Brötchen, vor allem an kühlen Herbsttagen oder zum Auftakt der Rückrunde auch eine heiße Currywurst. Und wo kann man besser mit dem Nachbarn fachsimpeln als an einer Imbissbude, wenn das breite Rufen und Singen aus dem Rund nach außen dringt und die Vorfreude auf die zweite Halbzeit den Puls schneller schlagen lässt?

Vielleicht ist es auch die Kombination aus Stadionstimmung und Imbissgenuss, die so manchen Profi mit Wehmut an die Zeit bei deutschen Klubs denken lässt. Da ist zum Beispiel der gebürtige Berliner Kevin-Prince Boateng, der seinen exotisch klingenden Nachnamen vom ghanaischen Vater hat. Boateng, mehrfacher Jugendnationalspieler, wechselte im Jahr 2007 für fast acht Millionen zum britischen Verein Tottenham Hotspurs. Doch bei den Londonern fühlte sich der Jungstar nicht besonders wohl. Und auf die Frage, was er aus Berlin, wo er zuvor bei Hertha BSC unter Vertrag war, am meisten außer Freunden und Familie vermisse, antwortete Boateng mit einem Wort: »Currywurst!« Dieser Leidenschaft musste er jedoch nicht allzu lange nachtrauern, denn Anfang 2009 lieh Borussia Dortmund den Spieler aus. Und in Nordrhein-Westfalen wird ja auch die eine oder andere wirklich schmackhafte Currywurst gebrutzelt.

Das kann Dariusz Wosz bestätigen. Der Kicker, der 1969 in Polen geboren wurde und später unter anderem für Hertha BSC und für den VfL Bochum gegen den Ball trat, zog sich vergleichsweise elegant aus der Affäre, als ihn ein Journalist fragte, ob die Bochumer oder die Berliner die bessere Currywurst machten: »Oh, das ist schwer zu sagen. Ich esse beide unheimlich gern, kann mich da wirklich nicht entscheiden. Die gucken mich immer komisch an, wenn ich ohne Majo und ohne Ketchup bestelle. Pommes nur mit Bratwurst und Soße – so ist das lecker.«« Nun ja, wir wissen nicht, als was diese etwas unzulänglich beschriebene Kreation an einer Berliner Bude durchginge. Nach echter Currywurst jedenfalls klingt das nicht.

Noch einer gefällig? Da ist der brasilianische Fußball-Superstar Ronaldo, der laut einer von seinem damaligen Klub Real Madrid in Auftrag gegebenen Umfrage hinter dem Papst und dem damals amtierenden US-Präsidenten George W. Bush drittbekannteste Mensch der Welt. Der zeigte sich ab und zu auch in Deutschland, etwa auf der Computermesse CeBit. Sein Berater Alexander Jobst erzählte denn

RICHTIG BESTELLEN – DAS FACHVOKABULAR FÜR DEN IMBISS

Wer an der Imbisstheke nach »dieser deutsch-tamilischen Verbindung« fragt, erntet ganz sicher verständnislose Blicke. Dabei hat es die Currywurst 2008 immerhin zum zweitschönsten »Wort mit Migrationshintergrund« gebracht. Ausgeschrieben hatten den Wettbewerb das Goethe-Institut und der Deutsche Sprachrat. Ein Fazit: »Ein Traumpaar: die urdeutsche ›Wurst‹ lebt mit ›Curry‹ in glücklicher Ehe.« Das sei der lebendige Beweis, dass Integration eben nicht Assimilation heißen solle.

Ach ja: Integration – wer in Berlin, Hamburg oder im Ruhrgebiet eine Currywurst bestellt, sollte wissen, wie er das tut, um sich nicht als Ortsfremder zu outen. Etwa in der »Ständigen Vertretung« in Berlin (www.staev.de; Schiffbauerdamm 8): Dort hat schon Bundeskanzler Gerhard Schröder einst sein Lieblingsgericht verspeist, ein **Kanzler-Filet**, heute das **Ex-Kanzler-Filet**. Die spannendsten Umschreibungen allerdings kommen aus Nordrhein-Westfalen. Klassisch ist etwa der

Schimanski-Teller, der sich auf den Tatort-Kommissar Horst Schimanski (Götz George) bezieht, der in praktisch jeder Folge des TV-Krimis an der Imbissbude beim Verzehr seiner Leibspeise angetroffen wurde.

Kaum weniger bekannt ist die **Bottroper Schlemmerplatte** oder **Bottroper Schlachtplatte**. Bei beiden wird die Currywurst mit Hilfe von Pommes rot-weiß – also mit Ketchup und Mayonnaise – gewissermaßen veredelt. Die in der Regel geschnittene Currywurst geht zudem gelegentlich als **Ruhrpott-Carpaccio** durch. Und dann gibt es da noch eine Spezialität aus Dortmund, die allerdings nur für besonders hartgesottene Currywurst-Fans eine bereichernde Erfahrung ist: der **Taxiteller**. Dabei kommt zur Currywurst und zu den Pommes auch noch eine Portion Gyros. Und Tsatsiki gibt es auch noch obendrauf.

Vornehmer ist, wer **Bratwurst-Carpaccio nach Art des Hauses** bestellt. Und ganz fein ist die **Mousse vom Schweinefleisch ›Madras Art‹**

auch, nach Deutschland komme Ronaldo besonders gern: »Da freut er sich wie ein kleines Kind auf Currywurst mit Pommes. Ich glaube, es gibt nichts, was er lieber isst.«

Auch wenn Ronaldo sicher durchaus ein höheres kulinarisches Niveau gewohnt ist – für manchen Fußballer ist es Luxus, in die Stadt gehen zu können und sich dort eine »Currywurst zu kaufen und sie

im Natursaitling auf passierten Tomaten an Kartoffelcarpaccio. Unter uns: Das wird nicht sehr häufig verlangt. Viel profaner heißt es stattdessen am Tresen: »Einmal C-Wurst!«, wahlweise auch »mit Piekser«. Ergänzt durch frittierte Kartoffelstäbchen sollte man besser auf CPM setzen, also auf Currywurst, Pommes frites, Mayonnaise. Im Norden Deutschlands ist die CWP-Schranke besonders gefragt, also die Currywurst mit Pommes, Ketchup und Mayonnaise. Vor allem im militärischen Sprachgebrauch hat sich die schneidige Abkürzung CWPZM durchgesetzt, die das Schnellgericht »zum Mitnehmen« vorsieht.

Auf die Zusammensetzung der Speise und ihre Form beziehen sich die Begriffe Phosphat-Stange sowie Phosphat-Rakete. Sie sind allerdings nicht allzu gebräuchlich. Eindeutig zeigt sich auch die Bezeichnung Molotow-Wurst, die vor allem den Wunsch nach gesunder – manchmal auch ungesunder – Schärfe zum Ausdruck bringen soll.

Eine Reminiszenz an die 80er-Jahre stellt die Manta-Platte dar. Das gleichnamige Opel-Modell gilt spätestens seit dem Filmklassiker »Manta, Manta« als besonders proletenhaft. In diese Ecke gehören auch einige Begriffe, die eher unterhalb der Gürtellinie angesiedelt sind: Da ist zum Beispiel der Maurerpimmel mit Geröll, wobei sich die Bezeichnung auf die Form und die locker umherliegenden Pommes frites bezieht. In die gleiche Kategorie fällt der Hafenlümmel. In Hamburg bezeichnen Imbissgeher damit allerdings sowohl eine Curry- als auch eine dicke Bockwurst. Und in Wolfsburg, wohl deutschlandweit die Stadt mit den meisten verkauften Currywürsten pro Kopf, sprechen die Arbeiter beim Autobauer Volkswagen gern vom Schichtlümmel – der Grund liegt auf der Hand.

Also Vorsicht, vor allem an Imbissbuden mit weiblicher Bedienung. Im Zweifel bestellen Hungrige einfach doch klassisch: »Einmal Currywurst, bitte.«

zu genießen«, wie Andreas »Andy« Möller, früherer Nationalspieler und heute Manager bei den Kickers Offenbach, einst konstatierte. Er brauche keine extravaganten Sachen, sagte der einige Zeit wohl bestverdienende deutsche Profi. Fest steht, dass Möller sich von seinen Millionen nahezu unbegrenzt Currywurst mit und ohne Beilagen leisten könnte.

Solche Lustkäufe hätte Heiner Brand, Bundestrainer der Handball-Herren, fast nicht mehr nötig gehabt. Denn als seine Mannschaft sich im Januar 2009 aufmachte, um ihren Weltmeisterschafts-Titel beim Turnier in Kroatien zu verteidigen, lobte der Gummersbacher Fleischunternehmer Felix Hertz eine ganz besondere Prämie aus. Er versprach Brand, falls dieser den Pokal erneut in die Bundesrepublik hole, lebenslang Currywurst satt. Jeweils ein Kilogramm der Hausmarke »Quick 'n Curry« sollte der Meistermacher monatlich frei Haus erhalten. Doch das Vorhaben Titelverteidigung schlug fehl, Heiner Brand muss sich trotz energischen Einsatzes an den Seitenlinien auf Imbiss-Besuche beschränken.

Currywurst und Kultur: Von Schauspielern und Komödianten

Wohl keine Schauspieltruppe ist der Currywurst so eng verbunden, wie es die »Drei Damen vom Grill« waren. Brigitte Mira, Brigitte Grothum und Gabriele Schramm gaben – unterstützt erst von Günter Pfitzmann, später von Harald Juhnke – zwischen 1977 und 1991 die Inhaber einer Berliner Imbissbude. Schwerpunkte der Serie, von der immerhin 140 Folgen ausgestrahlt wurden, waren das Westberliner Lokalkolorit und die einerseits unverbindliche, andererseits kommunikative Nahrungsaufnahme am mobilen Tresen. Diverse Berliner Originale trafen sich an dem fiktiven Stand, und damit sie diese fachmännisch bedienen konnte, hatte Brigitte Grothum zuvor ein vierwöchiges Praktikum an einer echten Bude hinter sich gebracht, wie der Journalist und Buchautor Gerd Rüdiger in seinem Buch »Currywurst« berichtet. Grothum:

>> *Ich habe gelernt, wie man die Wurscht schneidet, Zack, zack, zack, damit es schnell geht mit dem scharfen Messer. Oder wie man die Curry- und Paprikadosen beim Würzen richtig aneinanderschlägt – tack, tack, tack – im richtigen Rhythmus. Da muss man aufpassen mit dem Ketchup, dass der da nicht rausläuft und ein Brötchen dabei ist und dass man dabei nicht reingreift wie Sau ...«*

Und es gibt die schöne Anekdote, dass eine Frau, die den Drehort nicht als solchen erkannt hatte, eine Currywurst bestellte und von Brigitte Grothum auch serviert bekam. Erst da wurde der Kundin klar, dass es sich um die Schauspielerin handelte: »Das ist ja witzig, dass Sie nebenbei noch Zeit haben, Currywurst zu verkaufen«, soll sie gesagt haben.

An Currywurst-Ständen sind übrigens auch der Schauspieler Wolfgang Völz, der seinen Hauptwohnsitz in der Spreestadt hat, und Anita Kupsch häufig anzutreffen. Kupsch, eine echte Berliner Pflanze, hat die Currywurst gewissermaßen sogar in den Adelsstand erhoben: »Dieses Catering-Zeug am Set mag ich nicht. Dann lieber dreimal am Tag 'ne scharfe Currywurst, und ich bin fit wie'n Turnschuh.« Scharf allerdings müsse die Zwischendurch-Mahlzeit sein, dafür hat Kupsch angeblich stets eine kleine Flasche Chili im Handgepäck.

Wer nun meint, lediglich besonders hauptstadtaffine Menschen wüssten den Genuss einer Currywurst zu schätzen, der liegt eindeutig falsch. Als etwa Barbra Streisand, singende und schauspielernde Diva aus den USA, 2007 ihr erstes Konzert in Deutschland überhaupt gab, da tat sie das in Berlin, einer »Stadt voller Kultur, Schönheit und Desserts«. Für einen geplanten Spaziergang im Lustgarten blieb der damals 65-Jährigen übrigens keine Zeit – sie habe vielmehr unbedingt die berühmte Currywurst probieren müssen, erzählte die Sängerin.

Und noch ein anderer Star aus Amerika schätzt die Berliner Spezialität, hat sie allerdings bis zum Tod seiner Großmutter Helene Indenbirken meist in Oer-Erkenschwick verzehrt. Die Rede ist vom

Jazz-Legende **Paul Kuhn** verzehrte Currywürste reihenweise gemeinsam mit Freunden wie Harald Juhnke.

Raffael Toussaint

Schauspieler Leonardo DiCaprio (»Titanic«). Ein Nachbar der alten Dame, die ihr Enkel regelmäßig besuchte, erzählt: »Leonardo ist ein Currywurst-Fanatiker, und er mag Reibekuchen.« Hoffentlich findet DiCaprio auch in Hollywood ein Restaurant, in dem die »curry sausage« serviert wird.

Zurück nach Deutschland. Paul Kuhn gilt vielen ebenfalls als typischer Berliner, er ist es aber nicht. Vielmehr wurde »Der Mann am Klavier« 1928 in Wiesbaden geboren, arbeitete auch eine Zeit lang in Berlin als Leiter der SFB-Bigband, ging aber bereits 1980 nach Köln. Wenigstens landete er nicht in einer Currywurst-Brache. Und dass er einen guten Snack zu schätzen weiß, zeigen gelegentliche Zeitungsberichte und das eine oder andere Foto, das Kuhn mit Freunden wie Harald Juhnke beim Verzehr einer Currywurst zeigt.

Auch jüngere Künstler geben sich dem zeitlosen Imbiss gern hin. Der Hamburger Moderator Jörg Pilawa etwa dankte seiner besseren Hälfte mit einer ganz besonderen (Liebes-)Erklärung: »Zum Glück sorgt meine Frau dafür, dass im Hause Pilawa jeden Mittag frisches Gemüse auf dem Tisch steht.« Denn er selbst bevorzuge eigentlich »Currywurst Pommes mit Schranke«, also mit Ketchup und Majo – eine echte Sünde für Ernährungsbewusste.

Sündhaft geht es auch im Hause Nick zu. Die Sängerin und Kabarettistin Désirée Nick verriet der »Super Illu« ihre sehr spezielle Diät: »Jeden Tag ein Stück Kuchen und dreimal die Woche Currywurst mit Schrippen.« Sie esse so viel Junkfood, weil sie meist in Eile sei – und weil es ihr gut schmecke.

Wenn der FC Schalke spielt, sieht man den Fußballfan und Schauspieler Peter Lohmeyer (»Das Wunder von Bern«) oft mit einer Currywurst in der Hand am Stadionimbiss. Ironischerweise ist er ausgerechnet mit einer bekannten Köchin verheiratet. Ob Sarah Wiener zu Hause zu Ketchup und Currypulver greift, ist nicht bekannt. Allerdings hoffte Rolf Roje, Vorsitzender des Schalker Fanclub-Verbandes, nach Bekanntwerden von Lohmeyers neuer Liaison auf einen Durchbruch der Currywurst im TV: »Volksnahe Gerichte im Fernsehen – wunderbar!«

Die Moderatorin Alexandra Polzin gab sogar tiefe Einblicke in das Geheimnis der schönsten Weihnachtsfeier. Sie sei zum Fest bei den Eltern ihres Freundes in Augsburg, ließ sie die »Abendzeitung« wissen. Und wo bei anderen die Gans auf den Tisch kommt, wird Polzin – richtig! – Currywurst kredenzt. Andere, etwa Sängerin und Schauspielerin Jeanette Biedermann, verbinden mit der exotischen Wurst ebenfalls ganz besondere Gefühle: »Ich bin glücklich, wenn ich Currywurst esse. Ich bin süchtig danach.« Hungern komme für sie nicht in Frage, stellte die Künstlerin fest, sie esse viel Mist. Da ist es kein Wunder, dass »die Imbissbudenbesitzer in Berlin mir wirklich hinterher rufen: ›Komm her, wir haben leckere Currywürste!‹ Ja, und dann komme ich beziehungsweise fliegen mir die Currywürste förmlich entgegen«.

Doch nicht nur in der Hauptstadt, auch im Ruhrgebiet wissen Promis eine gute Currywurst wirklich zu schätzen. Der nordrhein-westfälische Ministerpräsident Jürgen Rüttgers etwa erklärte einmal, er halte »eine Frittenbude im Revier« für eine bedenkenswerte berufliche Alternative für eine Zeit nach der Politik. Und Lockenkopf Atze Schröder, stets für ein offenes Wort gut, verstieg sich für den »Pommesführer Ruhr« gar zu der Aussage: »Eine gute Curry ist der Beweis dafür, dass der liebe Gott 'n Mann ist.« Es könnte allerdings sein, dass der Comedian diese Aussage nicht allzu wörtlich gemeint hat. Oder sollte Atze Schröder gar ein Chauvinist sein?

Einer der erfolgreichsten Bühnen-Komiker ist Mario Barth, der Tausende von Menschen in die Hallen lockt – auch wenn ihm Kritiker schon mal »den Humor eines betrunkenen Soldaten« attestieren. Mit den vielen Militärs hat Barth zudem die Liebe zur Currywurst gemein. Immerhin stellte er in einem Interview fest:

Comedian Mario Barth füllt mit seinen Shows riesige Hallen, gibt sich aber als Liebhaber der Currywurst volksnah.

> Ich bin authentisch. Ich gehe nicht von der Bühne runter, spreche plötzlich Hochdeutsch und fahre mit dem Rolls-Royce rum. Wenn man mich privat im Supermarkt oder beim Bäcker trifft, bin ich derselbe Mario Barth wie auf der Bühne. Ich mag lieber Currywurst und Limonade als Kaviar und Champagner, ich wohne immer noch zur Miete und spreche Dialekt. Ich bin ganz volksnah, wie man so schön sagt.«

Mario Barth

Wie wichtig der urdeutsche Imbiss bei der Integration ausländischer Mitbürger ist, macht das Beispiel von Adnan Maral deutlich. Der Grimme-Preisträger spielt eine Hauptrolle in der Serie »Türkisch für Anfänger« und antwortete auf die Frage des »Kölner Stadtanzeigers«, welches sein deutsches Lieblingswort sei, »Currywurst«. Denn das sei eines der ersten deutschen Wörter gewesen, die er gehört habe, als er als Kind mit seinen Eltern aus der Türkei nach Deutschland einreiste. »Im Flieger bei der Lufthansa gab es Currywurst. Meine Mutter konnte nicht schreiben und nicht lesen. In der Stadt sollte ich ihr immer die Schilder vorlesen. Da habe ich jedes Mal gesagt: Krieg' ich dann 'ne Currywurst?!«

Weniger erfreuliche Erinnerungen verbindet Hape Kerkeling als Taxifahrer Günther Warnke mit der Currywurst. Ein besonders linientreuer TV-Zuschauer fand es nämlich gar nicht witzig, dass Kerkeling alias Warnke einerseits während der Fahrt telefonierte, andererseits genussvoll an Wurststücken kaute. Der Zuschauer erstattete Anzeige gegen den Komiker und Entertainer. Was er jedoch nicht berücksichtigt hatte: Die Dreharbeiten lagen mehr als sechs Monate zurück, die Taten waren damit verjährt. Und ob das Verspeisen einer Currywurst überhaupt als Ordnungswidrigkeit zu ahnden gewesen wäre, darüber streiten sich die Juristen.

Überhaupt spielt die Currywurst auch im Fernsehen eine immer wichtigere Rolle, vor allem in Krimis. Da mag Walter Kreye, der seit 2008 den »Alten« gibt, noch so sehr grummeln, er schätze es nicht, dass sein Gesicht nun in über hundert Ländern der Welt bekannt werde: »Ich habe meine Currywurst immer gern in Ruhe gegessen.« Doch seit Horst Schimanski alias Götz George für den »Tatort« den grundanständigen Proletarier gab, der gleichzeitig notorischer Currywurst-Konsument war, hat die »Curry« ihren festen Platz in der deutschen Fernsehunterhaltung erobert. Denn auch die Kommissare Horst Stoever (Manfred Krug) und Jan Castorff (Robert Atzorn) stillten den kleinen Hunger an der Imbissbude und erfuhren vor Ort so manches über das Leben. Die Wurst brieten übrigens keine Schauspiel-Profis, sondern echte Spezialisten. Klar, dass es Schimanskis »City-Imbiss« aus Duisburg-Ruhrort wirklich gegeben hat.

Das gilt auch für die »Wurstbraterei«, an der die Kölner Ermittler Max Ballauf (Klaus J. Behrendt) und Freddy Schenk (Dietmar Bär) immer wieder philosophieren. Allerdings: Die Bude steht eigentlich an der Einfahrt zum Rheinau-Hafen, beim Schokoladen- und Deutschen Sportmuseum. Laien erkennen das an den Autogrammkarten der Akteure, Experten wissen ohnehin, dass der gut 50 Jahre alte Imbisswagen – der eigentlich in einem Filmdepot stand – nur für die Dreharbeiten ans andere Rheinufer gekarrt wird. Sonst könnten die hungrigen Polizisten nicht so malerisch vor der Silhouette der Altstadt samt Dom stehen …

Fast schon zu den Deutschland-Touristen zählt Claudia Schiffer, Supermodel, die nach eigenem Bekunden essen kann, was sie will. Wenn Schiffer, die in Großbritannien lebt, nach Berlin kommt, »gehe ich erst einmal in eine Pommesbude und esse Currywurst«. Doch nicht jeder, der sich zum Jetset zählt, schätzt die deutsche Arbeiterspeise. So notierte der Gastrokritiker Heinz Horrmann einst über Berlins Großfigaro Udo Walz, der finde Champagner zur Currywurst, wie er in der Spreemetropole bei Events häufig serviert wird, »schrecklich dekadent«. Ob's am Champagner oder an der

Currywurst liegt – Horrmann schreibt »wer schert sich drum?« und hat damit sicher Recht. Höchstens bedingt Recht hat der Träger des Bundesverdienstkreuzes allerdings mit folgender Erkenntnis: »Fehlt

DIE CURRYWURST IM PATENTAMT – VIER FÄLLE FÜR DIE EINE

Herta Heuwer, die »offiziellste« der drei Currywurst-Erfinderinnen, war die erste, die mit der Schleckerei zum Deutschen Patentamt in München pilgerte. Ihre Soße selbst allerdings konnte sie nicht schützen lassen. Stattdessen sicherte sie sich 1959 die Rechte am Schriftzug **Chillup**, der ihre Entdeckung beschrieb. Die Marke ist übrigens auch heute wieder eingetragen und wird von den Erben Heuwers gehalten.

Clever wollte auch ein Hamburger Imbissbesitzer sein, der auf den treffenden Namen Artur Hunger hört. Das Hamburger Urgestein ist Chef eines der kleinsten Bratwurstbetriebe der Hansestadt überhaupt: Ganze 7,35 Quadratmeter misst das Etablissement in St. Pauli, gerade so viel wie eine kleine Einzelzelle im Gefängnis. Hier wie dort gibt es gelegentlich Currywurst, die im »Imbiss bei Schorsch« zählt jedoch zu den schmackhaftesten Hamburgs. Und so liegt es auf der Hand, dass die Verkäuferinnen bei der Frage nach der Mischung der Würzsoße dicht

machen. »Das Geheimrezept von **Schorschs Tomaten-Curry-Soße** ist vom Deutschen Patent- und Markenamt unter dem Aktenzeichen 30765075.8 geschützt – offiziell, mit Brief und Siegel.« Stimmt natürlich nicht, denn mit den Rezepten ist das so eine Sache. Tatsächlich handelt es sich bei dem Eintrag um eine »Wortmarke«, nur der Text ist also vor Nachahmung gefeit – gleich in welcher Schriftart, Farbe oder Größe.

Im Jahr 2002 war es die Umweltschutz-Vereinigung Greenpeace, die immerhin gleich vors Europäische Patentamt zog. Unter der Bezeichnung **»Richtig leckere Currywurst«** beanspruchten die Naturschützer den Schutz für ein technisches Verfahren, mit dem Würste einschließlich einer erwärmten Soße hergestellt werden konnten. Der Antrag wurde von einem Anwalt aufgesetzt und war abgestimmt auf die damals gültige EU-Gen-Patentrichtlinie. Christoph Then, Patentexperte von Greenpeace, erläuterte damals:

der Currywurst die Berliner Luft, die angeblich so besonders riecht, degeneriert sie zum Allerweltsgericht.« Hamburger, Rheinländer, Saarländer und andere Kenner mögen ihm verzeihen.

»Unser Patentantrag zeigt, was passiert, wenn im Patentgesetz nicht mehr zwischen Entdeckung und Erfindung unterschieden wird. (...) Wir wollen uns die Currywurst sichern.« Im Fall einer Patenterteilung hätte Greenpeace das Recht bekommen, Herstellung und Verkauf von Currywurst allgemein zu kontrollieren oder zu verbieten – ein Albtraum für alle Fans der »Curry«. Allerdings hatte die Organisation mit dem öffentlichkeitswirksamen Antrag ihr Ziel erreicht und verfolgte ihn nicht weiter. Die umstrittene Patentrichtlinie 98/44/EC allerdings wurde 2004 dann doch auch in der Bundesrepublik umgesetzt.

Und noch jemand wollte sich die Rechte an der Currywurst sichern: die Berliner Fleischerinnung. Die rund 45 angeschlossenen Betriebe der Hauptstadt wollten sich im Jahr 2007 die alleinigen Vermarktungsrechte an dem fleischigen Produkt unter den Nagel reißen. Beim Deutschen Marken- und Patentamt beantragten sie, die Bezeichnung **Berliner** **Currywurst** nur dann zu erlauben, wenn das enthaltene Brät nach einem speziellen Rezept in Berlin hergestellt worden sei. »Selbst Altkanzler Gerhard Schröder ist bekennender Fan der Berliner Currywurst, dann sollte es auch wirklich eine aus dieser Stadt sein«, bekräftigte damals Simone Schiller, Vorsitzende der Innung. 7000 Euro mussten die Fleischer ihrem Antrag beilegen, der – nach erfolgter Eintragung, bis zum Redaktionsschluss für dieses Buch gab es noch keine Entscheidung – auch europaweit umgesetzt werden soll. Vorbild für das Schutzbegehren sind zum Beispiel die Nürnberger Rostbratwürstel und die Spreewaldgurken.

Der Münchner Weißwurst allerdings versagte das Bundespatentgericht den Schutz der »geografischen Angabe«. Die Herkunft der Wurst sei auf Südbayern, nicht aber auf die Stadt München begrenzt. Die Zusammensetzung der Münchner Weißwurst ist durch eine Bekanntmachung der Stadt München von 1972 definiert.

Auch was für Gourmets:
Currywurst und Sterneköche

Haute Cuisine und Currywurst – wie passt das zusammen? Tatsächlich schrecken viele Feinschmecker vor dem Genuss der für sie besonders exotischen Speise zurück. So gab TV-Koch und Talkmaster Alfred Biolek einst zu Protokoll, er greife nur alle drei Jahre einmal zur Currywurst. Noch stärker rümpft der Kolumnist und Restaurantkritiker Wolfram Siebeck in »Die Zeit« zumindest schriftlich die Nase, als er 2006 seinen »heroischen Selbstversuch« festhält:

>> *In Berlin etwas Originales zu entdecken ist nicht schwer. Man muss nur der Nase folgen. Die berühmte Currywurst verrät sich durch ihren unverwechselbaren Geruch, der an*

vielen Buden zum Gestank wird, wenn dort Fritten im Altöl brutzeln. Angeblich existieren unterschiedliche Versionen dieser Fastfood-Krippen, von denen die Bude am Kurfürstendamm 195 am spektakulärsten sein soll. Weil hier schon Prominente gesichtet wurden, für die der Würstebrater sogar Champagner vorrätig habe. Außerdem würden die Würste nicht auf Papp-, sondern auf Porzellantellern serviert. Es stimmte alles. Nur ist es keine Bude, sondern ein in eine Ladenfront integrierter überdachter Unterstand, vor dem kleine Tische aufgebaut sind. Ich nahm also meinen ganzen Mut zusammen, ging zur Theke und äußerte unmissverständlich meinen Wunsch nach einer der Currywürste, wie sie vor mir in geruchlosem Fett lagen. Daraufhin ergriff der Brater wortlos eine Zange, fischte damit eine Wurst aus einer Reihe anderer Würste

Wolfram Siebeck, Gourmet-Papst und kulinarische Autorität, machte sich auf die Suche nach einer Berliner Spezialität – und wurde dabei schwer enttäuscht.

genusstage.com

*und platzierte sie auf eine Papierserviette, welche auf einem
Porzellanteller lag.*

*Der Mann arbeitete so schnell und so geschickt wie der Perkus-
sionist einer karibischen Band. In seine großen Hände nahm er
zwei überdimensionale Streudosen, stieß sie gegeneinander wie
Rumbakugeln und bestreute meine Wurst mit ihrem Inhalt,
einem braunen Pulver. Dann griff er zu Messer und Gabel und
schnitt die Wurst blitzschnell in Stücke, worauf er eine Flasche
ergriff, in der so etwas wie Himbeerpudding war, womit er
die Wurststücke der Länge nach dick überzog. Anschließend
piekte er eine blaue Plastikgabel in den bunten Haufen und
fragte: ›Brötchen?‹ Das Backwerk legte er, da ich bejahend
genickt hatte, aufs Papier neben die Wurst. Ich zahlte zwei
Euro fünfzig und verzog mich mit meinem Teller an einen
der Stehtische, wo ich ein Stück Wurst in den Mund steckte.
Es schmeckte süß, war aber nicht scharf, und wieso das nun
Currywurst genannt wurde, blieb mir verborgen. Nicht aber,
dass da etwas in meinen Magen geraten war, was dort nicht
hingehörte, aber leider noch lange bleiben würde.«*

Andere Köche dagegen wissen etwas Abwechslung zu ihren all-
täglichen Spitzenmenüs durchaus zu schätzen. Kolja Kleeberg etwa,
im Fernsehen vor allem durch seine Auftritte bei Johannes B. Kerner
bekannt und Chef des »Vau« in Berlin, kehrt auf dem Weg von seinem
Restaurant – von Michelin immerhin mit einem Stern geehrt – nach
Hause gern an einer Imbissbude ein, um spätnachts eine Currywurst
zu schlemmen.

Tim Raue, der im Berliner »Restaurant 44« ebenfalls einen Miche-
lin-Stern und 18 Gault-Millau-Punkte erhielt, schätzt zwar die asiati-
sche Küche, gab aber gegenüber der »Berliner Zeitung« zu: »Ich esse
auch Fastfood. Wenn ich nicht einmal im Monat eine Currywurst
vom Curry 36 habe, bin ich kein Mensch.« Pommes, Ketchup, Majo
und Tabasco gehörten für ihn dazu, erklärte der gebürtige Kreuzberger. Und dabei bringt er die Zuneigung so vieler ausgezeichneter

Küchenchefs zur Currywurst auf den Punkt: »Ich bin in der Küche perfektionistisch. Privat gestehe ich mir Schwächen zu.«

Das gilt auch für Alfons Schuhbeck. Der Spitzenkoch aus Bayern und Gastro-Multiunternehmer steht eben nicht nur auf Weißwürste, sondern sagt: »Ich liebe Currywürste. Ich könnte fünf davon am Tag essen. Den Ketchup dazu mache ich selbst – so dass ich behaupten möchte, dass wir die beste Currywurst haben.« Ganz einfach ist es jedoch nicht, eine wirklich gute Currywurst zu braten, zu dieser Erkenntnis kommt Thomas Martin vom Hamburger Hotel »Louis C. Jacob«. Der mit diversen Sternen, Kochmützen und Punkten Ausgezeichnete ist laut »Bild« der »beste Koch Hamburgs« und fühlt sich am Restaurantherd wohl, könnte sich aber auch den Job in einer Imbissbude vorstellen: »Wenn ich einen Imbiss hätte, dann gäbe es bei mir die beste Currywurst der Stadt. Eine Imbissbude ist nicht schlechter als ein Sterne-Restaurant, Hauptsache, man macht seinen Beruf mit Herzblut und mit Freude.«

Holger Stromberg, Sternekoch aus Waltrop, hat seine Liebe zur Currywurst auf die Spitze getrieben. Zwar hält er weiter an seinen klassischen Speisestätten fest. Aber zu seinem Reich gehört seit einiger Zeit auch das »Curry 73« in München, das auf seiner Karte gleich klarstellt, was Sache ist. Die Gäste können nämlich unter den Soßenvarianten wählen:

>> *Harmlos – frisch, fruchtig, exotisch*
Bisschen scharf – exotisch, würzig, vollmundig
Scheiße scharf – scharf, scharf, scharf
Und als Spezialität Blütenrausch – blumig, säuerlich, ungewöhnlich«

Und das Motto der Bude im sogenannten »Pförtnerhäuschen« ist ebenfalls eindeutig: »Die Wurst ohne Reue! Hier kriegste Hunger – auch wenne satt bist.« Nach eigenen Angaben will Stromberg dabei nicht nur den Magen füllen, sondern »auch die Seele wärmen und dusseliges Zeug quatschen«.

Dann ist da noch Raimund Ostendorp, der einst ebenfalls eine ausgezeichnete Küche führte. »Schon damals war es für meine Kollegen und mich ein Gag, nach Trüffeln und Kaviar eine Currywurst essen zu gehen.« Längst aber hat Ostendorp seine heimliche Leidenschaft auch offiziell zur großen Liebe gemacht. Seit Jahren steht er in seinem »Profi-Grill« in Wattenscheid. Im ganzen Ruhrgebiet ist seine Bude bekannt, auch, weil der einstige Demi-Chef auch in seinem Imbiss, bei dem die unvermeidlichen Kochfiguren auf den Scheiben prangen, auf Qualität setzt. So verwendet Ostendorp (Jahrgang 1968) nur hochwertige Zutaten, achtet sehr genau auf eine schonende und ästhetische Zubereitung. Serviert wird auf bestem Eschenbach-Porzellan, damit, so Ostendorp, »gebe ich der Currywurst ihre Würde zurück«.

Der Amerikaner Anthony Bourdain ist in der Welt der hohen Gastronomie gefürchtet. In seinem Buch »Geständnisse eines Küchenchefs« hat er mit den Kollegen aus den Nobelrestaurants abgerechnet und seine Leser hinter die trügerischen Fassaden blicken lassen. Doch bei einem Besuch in

Vier berühmte Currywurst-Buden gibt es in Berlin – was nicht bedeutet, dass es nicht anderswo auch hervorragend zubereitete Currywürste gäbe. Reisende mit wenig Zeit gehen zu:

Biers Ku'Damm 195, Kurfürstendamm 195, 10707 Berlin, Mo. bis Do. 11 bis 5 Uhr, Fr. und Sa. 11 bis 6 Uhr, So. Mittag bis 5 Uhr.
Wurst: ★★☆☆☆
Promifaktor: ★★★★☆
Preise: ★☆☆☆☆

Curry 36, Mehringdamm 36, 10961 Berlin, Mo. bis Fr. 9 bis 4 Uhr, Sa. 10 bis 4 Uhr, So. 11 bis 3 Uhr; Internet: www.curry36.de.
Wurst: ★★★☆☆
Promifaktor: ★☆☆☆☆
Preise: ★★★☆☆

Konnopke, Schönhauser Allee 44a, 10435 Berlin, Mo. bis Fr. 6 bis 20 Uhr, Sa. 12 bis 19 Uhr; Internet: www.konnopke-imbiss.de.
Wurst: ★★★★★
Promifaktor: ★★★☆☆
Preise: ★★★☆☆

Krasselt's Imbiss, Steglitzer Damm 22, 12169 Berlin, Mo. bis Sa. 11 bis 1 Uhr, So. 17 bis 24 Uhr.
Wurst: ★★★★☆
Promifaktor: ★☆☆☆☆
Preise: ★★★★☆

In New York führt er die »Brasserie Les Halles«, in Berlin probierte Anthony Bourdain eine echte Currywurst.

nh

Berlin wollte Bourdain nun gerade nicht das »Borchardt« am Gendarmenmarkt kennenlernen, sondern er steuerte zielsicher »Konnopke« an. Klar, immerhin kokettiert Bourdain damit, dass er aus der Arbeiterklasse stammt. Und beim Verzehr einer Currywurst konstatierte der New Yorker: »The wurst is delicious!« Das schien einem der Kameramänner nicht sehr wahrscheinlich, sodass er, die Exotik der Wurst überschätzend, dankend ablehnte. Dies wiederum brachte Bourdain in Rage, der seinen Mitarbeiter zornig aufforderte: »Eat this working class food! That's real.«

Ach ja, wenn es um die Arbeiterklasse geht, denkt der kulinarisch Interessierte sicher auch an Tim Mälzer. Der gebürtige Elmshorner war zwar eine Zeit lang Mitinhaber von »Das Weiße Haus« in Hamburg, einem der besten Restaurants in der Hansestadt. Aber Mälzer kultiviert auch sein Prolo-Image, wenn er etwa sagt: »Manchmal ist Currywurst scheiße, und manchmal gibt es nichts Besseres. Je nach Situation.« Die Situation war bei Mälzers Kochshow »Hamse noch Hack?« regelmäßig gegeben, denn mit Unterstützung aus dem Publikum bereitete der vielleicht bekannteste deutsche TV-Koch regelmäßig Currywurst mit Pommes an Rosmarin und anfrittiertem Knoblauch zu, »optimal morgens um 5 auf dem Kiez«.

Warum Currywurst? Kritiker meinen, Mälzer solle seine Zuschauer lieber an gehobene Gerichte heranführen. Doch der »Küchenbulle« kontert: »Eine Wurst versteht jeder.« Und Mälzer steht zu seiner Vorliebe – zum Beispiel in der Kultsendung »Dittsche«, in der er sich selbst spielte. Er kaufte in der Imbissstube zu später Stunde die Zutaten für Currywurst mit Pommes, die er zu Hause für sich und seine Freunde zubereiten wollte.

Alltäglicher Ort – besondere Speise

Na klar: Weder Königsberger Klopse noch Eisbein mit Sauerkraut, weder Döner noch Pizza hatten wirklich die Chance, zum deutschen Nationalgericht zu werden. Natürlich war da auch eine gehörige Portion Zufall dabei – hätte Herta Heuwer sich zwei Jahre mehr Zeit mit ihrer Currywurst-Entdeckung gelassen, dann wäre die Geschichte der Bundesrepublik nicht so untrennbar mit der der Currywurst verbunden. So aber haben sich die parallel verlaufenden »Lebensläufe« nahezu unauflöslich miteinander verwoben. Hinzu kommt, dass die 1949 schon 90 Jahre währende Geschichte des Kiosks – also auch der Imbissbude, der Verkaufsstelle der Currywurst schlechthin – mit dem allmählich anlaufenden Wirtschaftswunder einen enormen Aufschwung erlebte. Waren es anfangs vor allem Zeitungen, die an den schnell errichteten, manchmal kunstvoll architektonischen, dann wieder eher schlichten Verkaufshäuschen an die Bürger der jungen Bundesrepublik vertrieben wurden, kamen schnell die Currywurst und andere kleine Speisen hinzu.

Und dann war da noch die Lust auf Neues – und Preisgünstiges –, die die Deutschen nahezu kollektiv erfasste. Auf dem Internetportal Mercurio Drinks findet sich dazu die treffende Kurzanalyse. Mit Heuwers Klecks Ketchup wurde der Siegeszug der Currywurst im Nachkriegsdeutschland eingeläutet:

>> *Noch hatte man eine schwere Vergangenheit, aber immerhin wieder so viel Zuversicht, dass man neuen Genüssen ironisch nachging. Der hier gefundene Mix aus deutscher Wurst und exotischen Gewürzen unterlief gewissermaßen augenzwinkernd die Kochtraditionen der NS-Zeit und traf den Zeitgeist, der sich am heimischen Herd neuen Eindrücken hingeben wollte.«*

Auch heute ist es der liberale Zeitgeist, der Damen im Pelzmantel, schneidige Handyträger mit Aktenkoffer und die örtliche Szene an der Imbissbude zusammenkommen lässt. Einträchtig stehen Menschen verschiedenster Auffassungen, Weltanschauungen, sozialer Herkunft nebeneinander, kauen auf ihrer Wurst, gönnen sich schon mal eine Flasche Bier, sprechen miteinander. Insofern kommt dem Currywurst-Stand auch eine wichtige soziale Aufgabe zu. Das wirkt umso komischer, als – natürlich vor allem in der Hauptstadt – die Berliner Schnauze dazugehört: »Schöne Currywürste, Berliner Currywürste, mit Darm, ohne Darm. Wat drin is, weiß ich nich hundertprozentich. Auf jeden Fall Schweinefleisch. Und Jewürze, Currypulver. Am besten geht die ohne Darm. Man sacht ja auch: Normal is ohne«, wie es an so mancher Bude heißt.

Imbissbude – Treffpunkt ohne Eitelkeiten

Wunderbar! »Der moderne Knigge für Alltag und Beruf« hat sogar Tipps für den richtigen Verzehr der Currywurst parat. Kernaussage: »In der Würstchenbude gibt es zu Pommes frites, Currywurst etc. kleines Plastikbesteck, das Sie auch verwenden sollten.« So gewappnet kann es eigentlich losgehen. Doch die Frage, warum sich der Curry-Snack fast ausschließlich an Imbissstuben so gut verkauft, bleibt damit ungeklärt. Eine simple Erklärung liefert Waltraud Ziervogel von Konnopke: »Currywurst muss man draußen essen, da wo's laut ist, da wo Leben ist.« Übrigens eigentlich mit der Hand, zwischen Daumen und Zeigefinger – zumindest im Osten Berlins. Im Westteil und in Hamburg kam sie geschnitten in die Pappschale.

Trotzdem sind die Unterschiede zwischen Ost und West in Sachen Currywurst verschwindend gering. So ist die Currywurst ein gesamtdeutsches Kulturgut der Nachkriegszeit, als der Broiler zwischen Brandenburg und Thüringen gebraten wurde, während er von Flensburg bis Passau als Brathähnchen oder -hendl auf den Tisch kam.

Hinzu kommt die Klassenschranken niederreißende Wirkung der urdeutschen Wurst mit der exotischen Soße. Raimund Ostendorp, der frühere Sternekoch und heutige Chef des Wattenscheider Profi-Grills, beschreibt den typischen Gast in seiner Bude so: »Er ist offen, flexibel, aber auch etwas traditionell. Er isst die Currywurst mit Herz und Leidenschaft. Hier treffen sich der Mann im Blaumann und der in Nadelstreifen, hier verbindet die Liebe zur Currywurst Menschen aller Milieus.« Der Kieler Soziologe Hans-Werner Prahl, der sich – kein Scherz – einst durch seine Gartenzwerg-Forschung bundesweit einen gewissen Ruf erarbeitete, erkennt Leidenschaft und Offenheit auch bei dem Sänger Herbert Grönemeyer: »Wenn der von der Currywurst schwärmt, drückt er damit auch ein Lebensgefühl aus.«

Seltsam: Den Begriff »schwärmen« verwendet auch der Laufpapst Ulrich Strunz, wenn er über die Beziehung des Ex-Kanzlers Gerhard Schröder zur Currywurst spricht. Defätistisch führt der ernährungsbewusste Mediziner aus: »Er wollte seinen Wählern sagen: ›Seht her, ich bin einer wie ihr. Ich esse den gleichen Dreck wie ihr.‹« Und tatsächlich ist es sicher der Versuch, eine gewisse Volksnähe zu beweisen. Immerhin geht die Currywurst mittlerweile als Symbol unserer Leitkultur durch. Und wer sich zu diesem Symbol bekennt, kann kein so schlechter Mensch sein, zumal es sich bei der Currywurst in aller Regel um ein eher preiswertes Vergnügen handelt. Kaviar und Champagner gehören stattdessen in die eigenen vier Wände oder

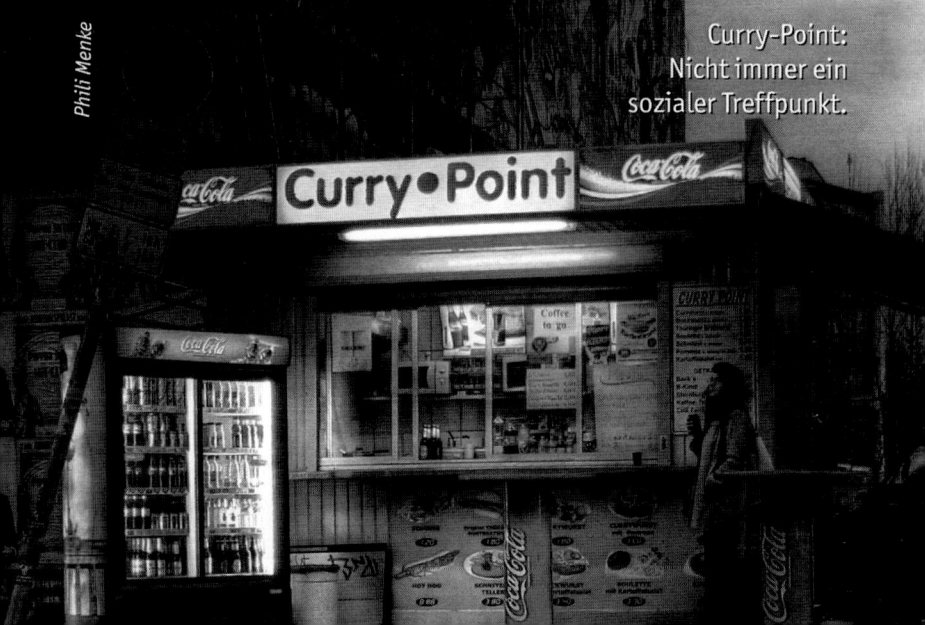

Phili Menke

Curry-Point:
Nicht immer ein
sozialer Treffpunkt.

aber zumindest in ein gehobenes Restaurant, wo man definitiv unter Gleichgesinnten sitzt.

Noch weiter geht der Erklärungsansatz der Journalistin Verena Meyer, wie sie ihn für das Buch »Urbane Anarchisten« zusammengefasst hat:

> *Die Imbissbude ist Halt, Kommunikationszentrum und Bühne in einem, eine Oase des zwischenmenschlichen Ausnahmezustandes, dazu eine Plattform ursprünglichster Demokratie, denn bei Bratwurst und Bier kann jeder zum Wortführer werden, Hauptsache, er ist laut genug. (...) Der Imbissstand schafft ein soziales Bezugssystem, in dem der Mensch ausleben darf, was er ist. Das Gute natürlich genauso wie das Schlechte. Vielleicht ist dies auch der Grund, warum in sozialkritischen Spielfilmen so oft Imbissbuden angezündet werden.«*

Oder der Grund dafür, dass die Guten, die raubeinigen und bis tief in die Nacht ermittelnden Kommissare dann eben doch nach der Aufklärung bei Currywurst und Flaschenbier am Stehtischchen landen.

Eine andere Sichtweise hat Elisabeth Naumann, die mit 76 Jahren promovierte – über den »Kiosk – Vom Lustpavillon zum kleinen Konsumtempel«. Sie führt die Beliebtheit der Imbissbude nicht zuletzt auf die Möglichkeit zurück, schnell und unkompliziert etwas zu essen. Sieben Minuten dauert es nach den Recherchen der Soziologie-Doktorin vom Bestellen bis zum Weggehen. Schneller geht es auch bei den großen Hamburger-Brätern nicht.

Neben dem Zeitgewinn ist da noch eine Illusion, der sich vor allem die weibliche Kundschaft hingibt: Der kleine Happen zwischendurch, so Naumann, gehe auch nur als kleine Diätsünde durch. Zwar ist die Currywurst durchaus reich an Kalorien, dafür aber ist es in der Regel auch nur eine Wurst samt Brötchen, die sättigen soll. Das sonstige Drumherum, wie es im Restaurant auf dem Teller liegt, entfällt.

Und es gibt noch mehr Gründe dafür, dass die Currywurst so beliebt ist. So zählt der Snack zu den »durchessbaren Lebensmitteln«. Das bedeutet, dass die sensorische Sättigung erst relativ spät einsetzt und der Verbraucher die Speise wiederholt zu sich nehmen möchte, um seine sensorische Qualität zu genießen, ohne jedoch nur Hunger oder Durst zu stillen. Dann gibt es die Theorie, dass »Fastfood« süchtig mache; bei Mäusen zumindest ist ein solcher Effekt bereits nachgewiesen worden. Und Volkskundler glauben, beim Gang an die Imbissbude und beim Genuss genügten die Kunden ihren »animalischen Trieben«.

Das bringt einen auf die Frage: Wie wird gegessen? Da gönnen sich viele Currywurst-Fans ebenfalls eine Auszeit vom bürgerlichen Alltag. Wo Messer und Gabel nicht bereitliegen, helfen die Finger, und weil sich die Soße mit dem keck auf der Wurst platzierten Holzspieß nicht recht auflöffeln lässt, hilft die Zunge aus. So manche Pappschale wandert dann nahezu jungfräulich weiß in den Abfalleimer. Das wäre an sich nicht so schlimm, würden nicht schmatzende und schnaufende Kaugeräusche das Schlingen mit weit nach vorn gebeugtem Oberkörper begleiten. Ein rascher Wischer mit der bloßen Hand über den Mund, und schon ist die Zwischenmahlzeit beendet. Dass dabei so manches Kleidungsstück in Mitleidenschaft gezogen wird – und Currysoße ist eine wirklich klebrige Angelegenheit! –, liegt auf der Hand.

Aber, natürlich ist Imbissbude nicht gleich Imbissbude, und längst nicht für alle Gäste gilt, was die »Frankfurter Rundschau« einst so beschrieb: »Befreit von einem Übermaß an störendem Essbesteck und befreit von oktroyierten Tischmanieren feiert sich hier die brachiale Urwüchsigkeit.« Elisabeth Naumann etwa hat beobachtet: »Gegessen wird – entgegen anders lautender Vorurteile – gesittet, wie es eben in dem jeweiligen Herkunftsmilieu üblich ist.« Und in »Currywurst mit Fritten – Von der Kultur der Imbissbude« heißt es: »Das Essen am Schnellimbiss nimmt einen wichtigen Platz neben anderen Formen der Nahrungsaufnahme ein. Durch unterschiedliche gesellschaftliche Bedingungen und Zwänge entstehen und entstanden unterschiedliche Rituale und Gesetze.« Da setzt sich dann doch meist die alte Schule des Knigge durch.

»Fettanteile sorgen für emotionale Stabilität«

Gunther Hirschfelder lehrt Volkskunde an der Universität in Bonn. Er hat das Buch »Europäische Esskultur – Geschichte der Ernährung von der Steinzeit bis heute« veröffentlicht.

Frage: Ist die Imbissbude ein »klassenloser Raum«?
Hirschfelder: Der Begriff »Klasse« ist altmodisch, überkommen. Heute sind wir nicht in »Klassen«, sondern in »Szenen« organisiert. Obwohl es aber keine Klassen mehr gibt, ist die Imbissbude ein Raum, der nicht an soziale Gruppen gebunden ist und somit in der Tradition klassenloser Räume steht.
Sind Imbiss-Gäste »Restaurant-Verweigerer«?
Hirschfelder: Nun ja, die gibt es so gar nicht. Früher gab es das bürgerliche Restaurant, das der Inbegriff des Restaurants war. Das hat bestimmte Gruppen ausgeschlossen, etwa Bauern und Arbeiter. Heute sind andere Formen der kommerziellen Gastlichkeit an die Stelle des klassischen Restaurants getreten – und wir haben zunehmend Konsumenten, die alle Formen parallel nutzen. Und wir haben durch diese Verszenungstendenzen

Menschen, die gelegentlich in der Spitzengastronomie essen oder im bürgerlichen Restaurant, aber eben auch in der Imbissbude.
Gibt es Konventionen an der Imbissbude?
Hirschfelder: Ja, das sieht man in mehrfacher Hinsicht. Es gehört an der Imbissbude dazu, kurz und knapp zu kommunizieren. Es gehört auf Anbieterseite zum Beispiel dazu, keinen Getränkefachmann, keinen Sommelier zu haben. Auch das ist eine Konvention. Es gehört dazu, dass die Speisekarte kurz ist. Und auf Konsumentenseite gehört dazu, dass ich mit dem Set an Materiellem, das mir dargeboten wird, vorliebnehme – Plastikbesteck oder einfache Metallgabeln. Die Imbissbude ist leger, und das ist ihre Konvention.
Und es gibt keine Sanktionen?
Hirschfelder: Doch, aber es ist schwierig, die zu umreißen, denn die Imbissbude ist nicht so ein homogener Ort, wie man vielleicht glaubt.
Das bedeutet?
Hirschfelder: Es gibt etwa in Innenstädten von Universitätsstädten Buden, die haben ein akademisches Publikum. Und wenn

ich mich da hinstelle und trinke Dosenbier, rülpse laut, dann werde ich auch sanktioniert. Denn das ist ein Verhalten, das der Konvention dieses Raumes nicht entspricht.

Imbissbuden – gibt es die in 50 Jahren noch?

Hirschfelder: Puh, 50 Jahre sind eine sehr lange Zeit. Ich wage mal eine Prognose für eine Generation. Es wird sicher eine zunehmende Entchronologisierung unserer Mahlzeitstruktur geben. Das führt dazu, dass wir mehr außer Haus und schneller verzehren. Das spricht für die Imbissbude. Also werden wir sicher auch mittelfristig solche Buden haben, zumal die Kombination aus Bratwurst und Pommes frites etwas Hochattraktives hat, nämlich das alte Kulturmuster des Gebratenen, mit einem hohen Fettanteil, der auch sensorisch eine Rolle spielt. Außerdem lösen die großen Fett- und Glibbermoleküle bei uns einen psychologischen Effekt aus.

Da geht es um den Hang zur schnellen Sättigung?

Hirschfelder: Auch, aber vor allem erinnern uns diese Stücke im Mund an unsere Säugephase. Da geht es auch um emotionale Stabilität.

Die findet man an der Currywurst-Bude?

Sie auch?

Hirschfelder: Früher habe ich gern Currywurst gegessen. Inzwischen verkneife ich sie mir oft. Aber ich sollte mal wieder eine probieren ...

Linus T.

Im Restaurant wird die Currywurst nie wirklich heimisch

Nein, Stoffservietten, Kerzenleuchter und Silberbesteck – in diesem Ambiente schmeckt eine Currywurst nicht. »Feine Restaurants gelten als absoluter Stilbruch«, weiß »Der kleine, aber absolut unentbehrliche Currywurst-Knigge« von Werner Siegert. Trotzdem gibt es immer wieder Versuche, die Currywurst aus der vermeintlichen Schmuddelecke zu holen. Mal wird sie auf feines Porzellan gehoben und mit Messer und Gabel gegessen. Dann wieder gibt es den eher derben Snack in Kombination mit Champagner. »Die Currywurst wird edler«, ist das knappe Fazit von Thomas Heeder, Chef von »Curry & Kunst«.

Der Purist schaut eher misstrauisch auf Speisekarten, auf denen die Currywurst mit diversen Zutaten veredelt oder gar auf ganz neuer Grundlage gefertigt wird. In Hamburg etwa stand in einem Restaurant jüngst »Pangasius-Currywurst mit Bratkartoffeln« auf der Karte. Überhaupt nähern sich Meeresfrüchte und Curry einander über den Wurstweg immer weiter an. Im Buch »Fast Food Deluxe« findet sich eine »Garnelen-Currywurst«, die an einer Soße unter anderem aus Papaya, Orangensaft, Knoblauch, Schlagsahne und Lachs serviert wird. Vor Sylt geerntete Braunalgen sind der Stoff, aus dem die Nordsee-Currywurst gemacht ist. Nun ja – zumindest ungewöhnliche Kombinationen.

Dann wieder kommt in der Gourmet-Küche die selbst gemachte Currywurst als »Gruß aus der Küche« vorweg auf den Tisch. Auch als Vorspeise oder begleitet von eher exotischen Beilagen wie frittierten Gemüsechips aus Pastinaken oder Rote Beete wird die Currywurst immer häufiger angeboten. Und Spitzen-Caterer trumpfen auf Szenepartys mit »Currywurst im Glas« auf. In der noch jungen Molekularküche taucht schon mal eine Currywurst-Praline auf (»The Foodists«). Und bei einem großen Fest ließ Sternekoch Karlheinz Hauser gar Currywurst mit getrüffelten Parmesan-Pommes und Mini-Hamburger auftischen.

Gelegentlich jubeln Medien zudem über bewusste Provokationen: »Pfiffig die Hausspezialität: Currywurst Supreme mit scharfer Currywurst« im Hamburger »Les Parisiennes« (»Hamburger Abendblatt«), das seine Gäste sonst mit Enten-Pasta, Lobster-Nudeln oder gebratenem Zander lockt. In der Hansestadt gilt ein hoher Preis mehr als anderswo als Qualitätsausweis. So warb das »Darling Harbour« mit »Hamburgs teuerster Currywurst«. Das Restaurant, an dem Sternekoch Christian Rach beteiligt war, galt dem »Gault Millau« gar als künftige Top-Adresse: »Unsere Prognose, hier könne sich ein Lieblingsrestaurant der Hamburger entwickeln, scheint aufzugehen: Nicht selten ist das Lokal ausgebucht.« Allerdings war es den Hanseaten auf Dauer dann wohl doch zu viel, neun Euro für eine Portion CPM hinzulegen – inzwischen hat das Haus seine Türen geschlossen.

Zwischen festlich gedeckten Tischen und **edlem Dekor** bleibt die Currywurst einem fast im Halse stecken.

Grischa Georgiew

Noch eine Hausnummer obendrauf verlangt – und bekommt – das Kölner Savoy-Hotel am Eigelstein. »Evian-Wasser aus orangen Kristall-Kelchen« und »Stühle mit Leopardenfell-Muster«, notierte der »Kölner Express«. Dafür kostet die Currywurst, samt Vorspeise und im Dialog mit Bratlingen, blauen Trüffel-Kartoffeln und Rosmarin-Garnitur, satte 14,50 Euro. Geschmacklich sei nicht die Wurst das Besondere, sagt sogar ihr Koch Michael Mörs, vielmehr mache die Soße den Unterschied. Klar: Die ist fein kombiniert und besteht aus zahlreichen Zutaten wie Balsamico, braunem Zucker und Koriander. Aber 14,50 Euro? Wenige Gehminuten weiter kostet eine klassische Currywurst im Imbiss nicht einmal zwei Euro und liegt damit in der Domstadt am unteren Ende der Preisschiene.

Und schließlich schaffen die Köche im Wettbewerb um Esser ungewöhnliche Kreationen. Mal ist es die »Currywurst mit Aprikosen inside«, mal eine mit einem 20-prozentigen Pfirsich-Anteil, dann wieder wird die schnelle Speise zart mit Blattgold belegt – eine gesundheitlich unbedenkliche, geschmacklich eher unauffällige Spezialität, die beim ersten Rendezvous Halbwüchsiger als ultimativer Kick durchgehen mag. Und noch zwei Zubereitungsarten sollen nicht unerwähnt bleiben: die Frankfurter »X-Mas Worscht« mit Zimt und Koriander und der »Pirate Style« mit Lemon, Bärlauch und dem kreolischen Jambalaya. Stefan Marquard aus München schließlich, einer der »Jungen Wilden« der gastronomischen Revolution, schuf eine »marinierte Currywurst-Palme im orientalischen Sud mit Pommes-frites-Schranke«.

So schafft die Currywurst dann die Vermählung deutschen Kulturgutes mit exotischen Genüssen auch wieder, gewissermaßen allerdings auf einer höheren Verzehrstufe, auf Restaurant-Niveau eben. Aber sind es wirklich Restaurants? Bei Wikipedia heißt es, Restaurants seien »gehobene Gaststätten, in denen Speisen und Getränke angeboten und verzehrt werden. Sie bieten eine Auswahl an Gerichten an und haben separate Tische oder Räume für ihre Gäste.« Nun, vor allem den letzten Aspekt schätzen erfahrene Imbiss-Geher, die so nicht den Mief heißen Frittenfetts aus der Kleidung lüften müssen. Aber echte Restaurants sehen in der Regel anders aus.

Kann man etwa beim Düsseldorfer »Curry«, dem laut Eigenwerbung »ersten Curry-Restaurant Deutschlands«, tatsächlich von Speisen sprechen, wenn sich auf der Karte neben der »Currywurst Berliner Art – normal, pikant oder fruchtig« noch »Bratwurst Berliner Art«, Pommes frites und Krautsalat sowie verschiedene Soßen finden? Eher nicht. Beim »Culux« in Frankfurt und Köln gipfelt die kulinarische Entdeckung in der »Menü.Auswahl«, bei der Wurst, Soße und Schärfegrade frei wählbar sind, dazu gibt es »Salate und/oder Pommes«. Und für Paare gibt es gar ein »Cuschelmenü für zwei Personen«. Nein, das liegt eher unter Imbissbuden-Niveau. Unwesentlich besser ist das Hamburger »Edelcurry«, das neben Curry- und Bratwurst, Pommes und Salat sowie diversen Soßen mit einer vergleichsweise üppigen Getränkekarte auftrumpft – bis hin zur Flasche Champagner

»Lanson, Black Label« für 75 Euro je Flasche. Das klingt alles ganz gut, macht aber unterm Strich nicht mehr her als im Kiosk oder in der Stehkneipe. Der Unterschied: Während sich die einfachen Schnellrestaurants – und zu Recht ist dieser Begriff längst weitgehend aus dem Sprachgebrauch verschwunden – zu ihrer einfachen Art bekennen, versuchen die vermeintlich gehobenen Gaststätten dem Besucher ein Image vorzuspiegeln, dem sie auch nicht ansatzweise Rechnung tragen können. Und während der Anzugträger an der Theke zum Normalo wird, macht er sich im Currywurst-Restaurant zum Popanz. Geschmack und Konsistenz von Wurst und Soße lassen zudem in den meisten Häusern dieser Art zu wünschen übrig.

Noch einen anderen Ansatz verfolgen Birgit Knop und Martin Schmitz. Sie äußern die Auffassung, beim Schnellesser handele es sich gewissermaßen um einen kulinarischen Rebellen:

> *Für den Imbissgänger ist das bürgerliche Restaurant der Ort der Verweigerung. Er wünscht sich den direkten und unmittelbaren Kontakt mit dem Imbisskoch, er wählt sich selbst seinen Standort an der Theke, und er kann sich seine Gespräche mit dem Imbisskoch und anderen Kunden frei einteilen.«*

Gibt Kraft und macht Freude – die Currywurst in der Kantine

In deutschen Kantinen steht die Currywurst auf der Beliebtheitsskala regelmäßig ganz weit oben. Besonders trifft das auf Wolfsburg zu: Der Volkswagen-Konzern ist berühmt für seine Würste, die in einer hauseigenen Schlachterei produziert werden. Mehr als zwei Millionen der fleischigen Kultstücke laufen pro Jahr in der hintersten Ecke des Werksgeländes gewissermaßen vom Band; damit dürfte der Autohersteller einer der größten Produzenten überhaupt sein. Kein Wunder, dass selbst das »Wall Street Journal« dem Geheimnis der VW-Currywurst nachging: »In den frühen 60er-Jahren wurde sie

Trotz Salaten und frischen Speisen bleibt die Currywurst auf den Tellern deutscher Kantinennutzer besonders beliebt.

Blanco CS

zum Favoriten von Legionen von Arbeitern, die Deutschland wieder aufbauten, vor allem in den nördlicheren Städten«, schrieb das amerikanische Blatt.

Fest steht, dass die Currywurst bei Volkswagen sehr präsent ist. Nicht nur in den Betriebsrestaurants, auch in der Autostadt wird sie serviert. »Etwa 80 Prozent der Würste werden bei VW gegessen«, berichtet denn auch Klaus Labersweiler, Chef der Fleischerei. Der Rest wandert etwa über die Handelskette Edeka in Geschäfte der Region. Immerhin können viele VW-Pensionäre, die in und um Wolfsburg leben, so eine Verbindung zu ihrer Firma aufrechterhalten. Und zur Wurst gibt's dann einen eigens abgefüllten Ketchup, der das Volkswagen-Logo auf dem Etikett trägt und laut Mitarbeitern der beste der Welt sein soll.

Bei so viel inniger Zuneigung ist es selbstverständlich, dass das Unternehmen die Wolfsburger Curry auch auf Rekordjagd schickt. Beim Spendenmarathon des Fernsehsenders RTL im Jahr 2008 schufen die Wurstexperten ein gigantisches Exemplar: 150 Kilogramm wog das Stück, das mit 66 Kilo Ketchup und 1,5 Kilo Currypulver verfeinert wurde – und das es prompt ins »Guinness-Buch der Rekorde« (Ausgabe 2010) schaffte.

Auch ein Rekord – wenn auch ein inoffizieller – ist der von »Europas schnellster Currywurst«. Diese Kreation hat sich die Deutsche Bahn einfallen lassen, die den Snack in ihren 300 Bordbistros – auch einer Art Kantine – verkauft. In den Waggons gingen 2008 immerhin rund 300 000 Würste über die Tresen. Damit lag der Snack klar vor Chili con Carne, Frikadellen beziehungsweise Bouletten und Fleischkäsebrötchen. Besser verkaufte sich nur das Frühstück, das aber in diesem Zusammenhang außer Konkurrenz betrachtet werden sollte.

Wer nicht unterwegs is(s)t, sondern am Arbeitsplatz bleibt, geht schon mal ins Restaurant. Aber. Wenn die Zeiten schlechter werden, das Geld nicht mehr so locker sitzt, haben Kantinen – so vorhanden – vermehrt Zulauf. Das hat die Zentrale Markt- und Preisberichtstelle ermittelt. Sensationen in Sachen Rangtausch auf den Spitzenplätzen gibt es dabei praktisch nie. 2006 titelte »Bild« zwar: »Beliebtestes Kantinen-Essen: Schnitzel schlägt Currywurst!« Demnach hatte der Klassiker mit Pilzsoße und Pommes frites sich auf Platz 1 vorgeschoben, gefolgt von Spaghetti Bolognese, bevor auf dem Bronze-Rang die Currywurst landete. Doch was der Kantinen-Betreiber Eurest da ermittelt hatte, stimmte mit den Ergebnissen anderer Anbieter nicht überein. Apetito etwa hat für die gleiche Zeit den klassischen Zieleinlauf gesehen: Currywurst vor Spaghetti vor Nürnberger Rostbratwürsteln – ebenso wie im Jahr zuvor.

Spitze war die Currywurst auch in Schleswig-Holstein. Nach zehn Jahren als Pächter der Landtagskantine in Kiel hat Helmut Zipner vor einiger Zeit den Kochlöffel zur Seite gelegt, nicht ohne einige seiner Beobachtungen zu Protokoll zu geben. So sagte der Küchenmanager, der Renner sei immer die Currywurst geblieben – keine echte Überraschung. Erstaunlich ist dagegen, was der Beobachter des politischen Lebens als Grund angibt: »Der Beamte traut sich ja oft nicht, an der Imbissbude Currywurst zu essen und dabei erkannt zu werden, aber hier bei uns ist es Kult.« Es gibt sie eben doch noch, die feinen Standesunterschiede.

Uli H.

So einfach ist es: die eigene Imbissbude

Für viele Jungunternehmer liegt der Reiz einer eigenen Imbissbude darin, dass sie nicht groß kochen müssen. Würste und Pommes frites warten tiefgefroren auf ihren Einsatz. Brötchen sind lange haltbar, Getränke in Dosen auch.

Tatsächlich kommen Imbissbetreiber meist um eine behördliche Erlaubnis herum, weil sie Speisen nur erhitzen und nicht selbst zubereiten. Eine **Gaststättenerlaubnis**, die die jeweils zuständigen Behörden auf Antrag erteilen, ist aber dann notwendig, wenn's zur Currywurst auch eine Molle geben soll. Ohne diese Genehmigung dürfen nur alkoholfreie Getränke ausgeschenkt werden. Achtung: Das Ordnungsamt verlangt eine sogenannte **Unbedenklichkeitsbestätigung des Finanzamtes**. Wer Schulden hat, darf keine Gaststätte führen.

Außerdem muss das **Gewerbe bei der Gemeinde angemeldet** werden. Die wiederum informiert diverse andere Stellen, die dem Jung-Gastwirt dann auf die Pelle rücken: **Finanzamt, Berufsgenossenschaft, Industrie- und Handelskammer, Amtsgericht, statistisches Landesamt**, das etwa die Umsätze in Stichproben abfragt, sowie Gewerbeaufsichtsamt. Das **Gewerbeaufsichtsamt** ist zuständig für den Arbeits- und Gesundheitsschutz der Imbiss-Mitarbeiter und Kunden. Es überprüft zum Beispiel den Getränkeausschank.

Wer mit offenen Lebensmitteln arbeitet, muss zudem ein **Gesundheitszeugnis** vorweisen können. Das ist – falls keine ansteckenden Krankheiten vorliegen – zügig beim örtlichen Gesundheitsamt zu bekommen. In der Regel reicht dafür eine kurze Einweisung.

Vorsicht: Für viele Buden gelten besondere Auflagen. Das beginnt bei den aufgestellten Stehtischen, für die eine »Sondernutzung« genehmigt werden muss, bis hin zu möglichen Leuchtreklamen, für die eine **Baugenehmigung** eingeholt werden muss.

Es fehlt eventuell noch ein Verfahren im Ringen um **Fördermittel**. Aber dann kann die erste Currywurst über die Theke wandern.

Das Geheimnis der besten Currywurst

In seinem Buch »Der Schattenfotograf« lässt der Schriftsteller Wolfdietrich Schnurre einen Pudel namens Ali sagen: »Dennoch kann eine gemalte Wurst den Hunger auf eine echte erwecken.« Bei einem Gemälde spielen neben der Gesamtkomposition auch Details wie einzelne Farben eine wesentliche Rolle, wenn es um Gefallen oder auch Nichtgefallen geht. Ganz ähnlich ist es bei der Currywurst. Denn wie ein Gesamtkunstwerk müssen für ein wirklich erhebendes Geschmackserlebnis verschiedene Zutaten ganz unterschiedlicher Provenienz in optimaler Zubereitung perfekt zusammengefügt werden. Bei rund 800 Millionen Currywürsten, die bundesweit pro Jahr verkauft werden, kommen Tausende von Zubereitungsarten zustande. Die beginnen bei der Wahl der Wurst und dem Bratvorgang, reichen über das Kochen der Soße bis hin zur Auswahl des Curry-Pulvers.

Klar: Wer mag, bestellt sich seine Currywurst bei Versendern; selbst beim Online-Auktionshaus Ebay finden sich Angebote, Discounter und Lebensmittelmärkte bieten oft gleich mehrere Sorten in den Kühlregalen an (siehe Kasten auf Seite 86). Doch die besten Kreationen gibt es eben doch an den Imbissbuden, die man ausprobieren muss, bis man die mit individuell am besten passendem Rezept ausfindig gemacht hat. Dass allerdings der Feinkost-Anbieter »Saveurs du Monde« mit seiner Einschätzung falsch liegt, versteht auch der Unbedarfteste:

>> *Mais une chose est certaine: c'est à Berlin que la saucisse au curry a été inventée, une saucisse finement coupée, déposée sur du riz et nappé d'une sauce au curry que l'on vend en cassecroûte un peu partout. (Aber eine Sache ist klar: Es ist Berlin, wo die Currywurst erfunden wurde, eine fein geschnittene Wurst, platziert auf Reis und überzogen mit einer Curry-Soße, die nahezu überall an Imbissständen verkauft wird.)«*

Auf Reis, na sicher! Doch wie sieht die optimale Wurst aus?

Wurst, Basis eines Leibgerichts

Es muss ja nicht gerade eine Currywurst mit Bockbier-Geschmack sein, wie sie ein findiger fränkischer Gastwirt vor einigen Monaten entwickelte – übrigens wegen des bitteren Starkbiergeschmackes mit erheblichen Mühen. Aber sonst sind Imbissbuden-Besitzer – und natürlich Hobby-Köche und Gäste – frei in der Wahl der passenden Fleischbasis. Nahe liegt gerade im Fränkischen natürlich vor allem der Griff zur Nürnberger Bratwurst, die schon 1573 erfunden wurde. Auf eine noch längere Tradition blicken die Thüringer mit ihren Rostbratwürsten zurück, die schon 1404 erstmals erwähnt wurden. Dann gibt es die Schlesische, eine weiße Bratwurst, die ebenfalls eine lange Geschichte aufweist. Aber Hand aufs Herz – erlaubt ist, was schmeckt. Obwohl … In den einzelnen Regionen haben sich schon geschmackliche Schwerpunkte gebildet. Wer also eine »typische« Currywurst essen möchte, der ersteht laut Deutschem Fleischer-Verband in Frankfurt eine klassische Bratwurst oder eine Frankfurter Rindswurst. Im Ruhrgebiet besteht die optimale Currywurst aus reinem Schweinefleisch, gewürzt mit Muskat, Bärlauch, Majoran, Kümmel, weißem Pfeffer, Salz und Liebstöckel.

Die **Wurst** spielt bei der Zubereitung der Currywurst eine wichtige, aber nicht die entscheidende Rolle.

Lucky Dragon

Und die Berliner, die so stolz auf ihr Nationalgericht sind? Die verwenden häufig etwa vier Fünftel Schweinefleisch, geben aber Rindfleisch hinzu. Etwas Fett, Kümmel, Knoblauch, Salz, Pfeffer, Koriander, Zwiebel und etwas Muskatblüte hinzu. Dabei variiert natürlich die Gewürzmischung von Fleischer zu Fleischer. Geflügelwurst, Wurst aus reinem Rindfleisch eignen sich jedoch ebenfalls. Manche Berliner schwören gar auf die aus Nordafrika stammende Merguez, eine Bratwurst mit hohem Lammanteil, die von Haus aus scharf gewürzt ist und so eine ideale Verbindung mit der süßlich-scharfen Soße eingeht. Wichtig ist: Die Wurst darf nicht zu weich sein. Das nämlich deutet auf einen zu hohen Anteil an Fett oder gar Wasser hin. Im Klartext: Der Fleischer hat gespart.

Und an dieser Stelle ist es an der Zeit, mit einem verbreiteten Vorurteil aufzuräumen: Die Bratwurst, die angeblich gebraten werden muss, um anschließend zur Currywurst veredelt werden zu können, hat ihren Namen nicht von der Zubereitungsart. Vielmehr hat sie ihre Bezeichnung vom Inhalt, dem Brät. Das ist Fleisch, das – oft unter Zugabe von Eis – zerkleinert wird. Meist geschieht das in einem Kutter, einer riesigen Schüssel, in der mehrere Messer rotieren. Dabei können die enthaltenen Fleischstückchen bis zu Erbsengröße haben. Danach werden die Würste entweder roh in Form gebracht und verkauft oder – häufiger – gebrüht, also vorgegart. Gelegentlich wird die Wurst auch »umgerötet«, gepökelt. Puristen jedoch wählen stets die weißen Würste.

»Mit oder ohne«, auf diese Frage sollten vor allem ortsfremde Currywurst-Käufer in Berlin gefasst sein. Denn in der Hauptstadt gibt es beide Varianten. In der currywurstianischen Frühzeit, also in den 50er- und 60er-Jahren des 20. Jahrhunderts entwickelten sich Ost- und Westberlin zwangsweise auseinander. Und wie die Mauer zwischen die Menschen in der von da an geteilten Stadt schob sich die »Pelle« zwischen die Currywurst-Liebhaber hier und da. Die Pelle, das war zunächst der Naturdarm, in den das Brät gestopft wurde, damit die Wurst auch eine Wurstform erhielt. Zwischen Spandau und Zehlendorf war das kein Thema. Im Osten allerdings war die feine Hülle Mangelware. Der Fleischermeister Max Brückner, der aus dem Erzgebirge nach Berlin gekommen war, hatte das Problem als Erster erkannt. Er experimentierte schon 1946 mit Brät und Hitze so lange, bis er ein Verfahren gefunden hatte, bei dem das Eiweiß des Fleisches gerinnt und eine Eigenhaut um das Brät bildet. So richtig wusste er mit dieser Entwicklung nichts anzufangen, bis ihn ein Zufall mit Herta Heuwer zusammenbrachte. Die Currywurst-Ikone orderte en gros und die hüllenlose Bratwurst, die aus großen Tüllen ins heiße Wasserbad gespritzt wird, entwickelte

WURST – NUR NOCH SELTEN REINE HANDARBEIT

Vor allem in größeren Metzgereien wird Wurst mit Hilfe verschiedener Maschinen hergestellt. Zum Einsatz kommt zunächst ein Fleischwolf oder ein sogenannter Kutter. Der **Fleischwolf** transportiert die hineingedrückten Stücke mit Hilfe einer Förderschnecke durch eine gelochte Scheibe. Dort rotiert ein Messer, das die zusammengedrückte Wurstmasse abschneidet und gleichzeitig vorwärtsdrückt. Mit der Lochgröße und der Zahl der Messer kann der Zerkleinerungsgrad bestimmt werden.

Der **Kutter** besteht aus einer Schüssel, die sich dreht. In ihr laufen rasch rotierende Messer durch das Fleisch, die die Stücke einerseits zerkleinern, andererseits zugegebene Gewürze untermischen. Oft wird Eis zugegeben oder zumindest gefrorenes Fleisch benutzt, da aufgrund der Rotation relativ hohe Temperaturen entstehen, bei denen sich das tierische Eiweiß zersetzen würde. Über den Zerkleinerungsgrad entscheiden hier vor allem Zahl und Art der Messer sowie die Dauer des Kutterns.

In der heimischen Küche reicht oft der Druck beim Wolfen, um das Brät in geeignete Wursthüllen zu füllen. Die **Füllmaschine** der Metzgerei funktioniert ganz ähnlich. Mit Hilfe eines Zylinderkolbens oder per sogenanntem Vakuumfüller wird die Wurstmasse durch eine Tülle gedrückt. Der Vakuumfüller entzieht dem Brät zudem gleichzeitig größere Luftblasen.

Die befüllten und oft bereits in die richtige Länge gebrachten Würste werden von Kunst-, seltener auch Naturdarm in Form gehalten. Ein Rind liefert dabei bis zu 55 Meter Naturhülle, beim Schwein sind es immerhin 25 Meter. Der besonders beliebte – weil sehr zarte – Saitling (Schafsdarm) ist gut 20 Meter lang. Bei den Naturdärmen sind besonders Hautfaserhüllen gefragt, die sehr zart sind und den Geschmack der Wurst am ehesten annehmen. Die Würste jedoch wandern in den **Garkessel.** Laut Fleischerfachverband liegt die optimale Temperatur knapp unter 80 Grad. Die Dauer des Garvorgangs hängt von der Art der Wurst sowie vom Durchmesser der einzelnen Stücke ab.

Und schließlich kommen zumindest einige Wurstsorten in die Rauchkammer. Dort hängen sie frei, während sie von Rauch umströmt werden. Der Rauch konserviert die gegarte Fleischmasse und sorgt zusätzlich für ein angenehmes

Aroma. Auch die Farbe der Wursthülle dunkelt in der **Rauchkammer** nach. Selten wird heiß – also bei etwa 60 bis 90 Grad – geräuchert. Häufiger werden das Warm- (etwa 25 bis 50 Grad) und das Kalträuchern (bis rund 20 Grad) eingesetzt. Vor allem das Kalträuchern ist sehr zeitaufwändig und wurde früher häufig in Bauernhäusern in speziellen Kammern im Dachgeschoss durchgeführt.

Mehr als 60 Kilogramm Fleisch verspeist jeder Bundesbürger heute durchschnittlich pro Jahr, etwa die Hälfte davon als Wurst. Kein Wunder, dass die insgesamt rund 30 000 Betriebe diese Mengen nur noch mit Hilfe von Maschinen bewältigen können – obwohl 160 000 Menschen in der Branche arbeiten.

Wurst-Herstellung beim Metzger:
Die Fleischteile kommen mit Gewürzen und häufig auch mit kühlendem Eis in den Kutter, in dem sie von schnell rotierenden Messern zum fertigen Brät zerkleinert werden.

Dirk Ludwig

Preis Wurst & Pommes price sausage & French fries	Zubereitungszeit time for preparation
2,70 €	**5:28 min**
Gewicht Wurst & Co. weight sausage & Co.	Gewicht Pommes weight French fries
145 gr	**191 gr**
Wurststückchen pieces of sausage	Pommesstäbchen number of French fries
11	**68**
Ecke Goßlardstr. / Winterhurst	

Spielerisch die Currywurst entdecken: Für knapp 10 Euro machen Quartett-Liebhaber 36 Berliner Buden anhand verschiedener Kriterien ausfindig.

Kopftourist

sich zum Verkaufsschlager. Allerdings gab es dann bald auch wieder Darm, Natur und künstlich. Zwar ist die Wurst ohne Pelle leicht zu handhaben, krümmt sich beim Erhitzen kaum und gibt wenig Fett ab, bleibt also saftig. Aber der Westen verlangte nach klaren Formen, gestopfte Würste bildeten eine feste Größe an den Westberliner Ständen. Durchaus nachvollziehbar, darf man den Argumenten des Zentralverbandes Naturdarm glauben: »Naturdarm ist ein natürlicher Rohstoff, der als feine Wursthülle die Geschmacksnoten hervorragend zur Geltung bringt und den Würsten ein attraktives und authentisches Aussehen verleiht.« Dennoch: Im Osten blieb es stets bei der »Curry ohne«. Noch heute gilt sie als hochwertiger, weil der Metzger sich beim Verarbeiten keine Schludrigkeiten erlauben darf. Sonst zerfällt die Wurst, bevor sie in der Pappschale serviert werden kann.

Übrigens liegt das Gewicht einer Currywurst in Standardformat ohne Soße meist bei 80 Gramm. Dahinter steckt knallhartes Kalkül der Imbissbetreiber: Für den normalen Gast reicht das nicht, um ihn wirklich satt zu machen. Mit etwas Glück (für seinen Gastgeber) sorgt das leichte Knurren im Magen besonders hungriger Esser für eine zweite Bestellung. 100 Gramm sind laut Imbissprofis schon zu viel.

Bleibt die Frage nach der richtigen Zubereitung der Wurst. Sie wird gebraten – auf keinen Fall frittiert oder gekocht. Auch auf den Grillrost gehört die Wurst nicht. Also ab in die Pfanne: Als Fett geeignet ist dafür gut erhitzbares Öl, etwa Erdnuss- oder Kokosöl. Fertig ist sie laut Raimund Ostendorp, dem früheren Sternekoch und heutigen Wattenscheider Profi-Griller, wenn sie »schön braun und leicht aufgeplatzt« ist. Das trifft vor allem auf die Exemplare mit Pelle zu, die krosser werden und dadurch »ästhetischer aussehen«. Damit sie optisch und geschmacklich perfekt wird, brutzelt die Wurst mindestens zehn Minuten lang in nicht zu wenig Öl. Dabei wird sie immer wieder umgedreht. Da es sich in der Regel um eine vorgegarte Wurst handelt, geht es weniger darum, das Fleisch durch und durch zu erhitzen, als vielmehr um ein attraktives Äußeres. Trotzdem sollten die Stücke nach dem Schneiden kräftig dampfen.

Kryptisches zu diesem Thema hinterließ Herta Heuwer, die Grande Dame der Tempo-Kulinarik. Sie lüftete kurz vor ihrem Tod ihr Bratgeheimnis: »Die Würste müssen stehen beim Braten, die dürfen nicht platzen.« Fragt sich, wie das geht.

Soße selbst kochen – aber wie?

Die besten Currywurst-Köche verraten das Geheimnis ihrer Soße nie. Dabei gibt es unzählige Variationen, bei denen die Gewürzmenge ebenso schwankt wie die Basis sowie die verfeinernden Zutaten. Mal ist Koriander drin, mal Paprika, mal Essig. Die Grundlage bilden mal frische, eingekochte Tomaten, dann wieder ist es Tomatenmark oder gar ordinärer Ketchup. Und es gibt Currywurst-Profis, die auf Cola schwören,

Scharfe Sache: Eine gute Currywurst sorgt schon für etwas Feuer im Mund. Dafür ist vor allem Chili in der Soße verantwortlich. Aber wie scharf ist scharf? Die einfache Methode ist es, (subjektive) **Schärfegrade** anzuwenden. Sie reichen von 0 (keine Schärfe) bis 10+ (superscharf). Um das Ganze objektiver zu machen, erfand der Chemiker **Wilbur Scoville** 1912 die nach ihm benannte Skala. Grundidee: Eine bestimmte Menge Chili wird so lange mit gesüßtem Wasser verdünnt, bis keine Schärfe mehr zu schmecken ist. Bei einem Wert von 0 ist keine Schärfe messbar. **Roter Tabasco** hat einen Wert von 2500 Scoville, reiner **Cayennepfeffer** kommt auf etwa 30 000 bis 50 000 Einheiten. Weniger lecker ist **Polizei-Pfefferspray**, das etwa 5,3 Millionen Scoville aufweist. Und reines **Capsaicin**, also der Stoff, der die Schärfe in die Chili bringt, liegt bei 16 Millionen Scoville. Aber schon ab etwa 100 000 Scoville schmeckt es nicht mehr – es schmerzt nur noch.

auf Ananas- oder Mangosaft. Eine Ingredienz allerdings findet sich praktisch immer, schon Herta Heuwer hatte sie in ihre »Ursuppe« gemixt: die Worcester-Soße.

Dieses finster aussehende und würzige Gebräu wird – im Gegensatz zur Currywurst-Soße – seit über 170 Jahren auf die immer gleiche Weise hergestellt. Und sie taucht in so vielen Rezepten auf, dass der Kochbuch-Autor Tom Stobart meint: »Man kann sagen, sie hat sich zu einer natürlichen Basiszutat zahlreicher Gerichte entwickelt.«

Fest steht: Worcester-Soße war lange Zeit Geheimnis umwoben. Umso lustiger ist es, dass ausgerechnet sie eng mit der Currywurst-Soße verbunden ist, ein Geheimnis im Geheimnis gewissermaßen. Angeblich haben die jungen Chemiker John Wheeley Lea und William Henry Perrins das Rezept (für ein Verdauungsmittel) Mitte der 30er-Jahre des 19. Jahrhunderts von einem gewissen Lord Sandys erhalten. Der englische Adlige soll Gouverneur von Bengalen gewesen sein. Allerdings klingt die Geschichte zu gut erfunden, um wahr zu sein. Wie auch immer: Lea und Perrins probierten nach dem Rezept ein Fass mit der angesetzten Brühe, fanden diese jedoch ungenießbar, stellten die Tonne in den Keller und vergaßen sie – vorerst. Denn nach einigen Jahren öffneten sie den Behälter und probierten von der zuvor bitteren Soße. Die war mittlerweile fermentiert, hatte sich also weitgehend zersetzt. Doch der Geschmack hatte nicht weiter gelitten, im Gegenteil: Nun hatte sich die typische pikante Note entwickelt. Nach einigen Verfeinerungen notierten die beiden Freunde, was heute längst publik ist: die Zutaten der Worcester-Soße (sprich: Wuuster). Wein gehört hinein, dazu kommen Tamarindenmus, Sardellen, Tomatenmark, Champignonextrakt, Zitrone, Walnuss,

Ohne Worcestershire-Soße geht bei der Currywurst überhaupt nichts.

Heinz

Chili und – Curry. Und dann reift die Soße mindestens drei Jahre in Fässern.

Seit 1906 der Schutz der Marke auslief, darf übrigens jeder die leckere Soße herstellen und unter der Bezeichnung »Worcester« vertreiben. Und wer im Regal auf eine »Worcestershire-Soße« stößt, muss sich nicht grämen: Weil Worcester in der Grafschaft Worcestershire (sprich: Wuusterscher) liegt, hat sich auch diese Marke eingebürgert, die Soße ist mit dem Original nahezu identisch bis auf etwas Malz- und Apfelgelee.

Heute gibt es die Soße überall. Allein Lea & Perrins vertreibt sie in mehr als 75 Ländern weltweit, rund 25 Millionen der charakteristischen Flaschen, die aufgrund ihrer Form besonders gut geschüttelt werden können, verlassen jährlich das Werk in Worcester. In einer Story für die »New York Times« beschrieb R. W. Apple Jr., wie Flaschen der fast schwarzen Köstlichkeit in Schiffswracks auftauchten, verkrustet mit Seepocken, in der verbotenen Stadt Lhasa in Tibet auf den Tisch kamen, im neuseeländischen Dorf Te Wairoa, das 1886 nach einem Vulkanausbruch unter Asche begraben worden war, unter meterdicken Schichten gefunden wurden oder noch zu Sowjetzeiten in einer Bar im usbekischen Samarkand kredenzt wurden.

Doch mit der Worcestershire-Soße ist es nicht getan. Mit was für harten Bandagen manchmal um Soßen-Rezepte gekämpft wird, zeigt »Der Currywurst-Streit von St. Pauli«. Unter diesem Titel nämlich beschrieb das »Hamburger Abendblatt« im Oktober 2006 die Auseinandersetzung zwischen zwei Imbissbetreibern am Neuen Pferdemarkt. Artur Hunger vom »Schmalen Handtuch« behauptete, er habe

>> *die Rezeptur für die rote Tunke vom Erfinder persönlich – und zwar habe Hungers Frau Ingrid das Rezept vor vielen Jahren von einem gewissen Schorsch, bürgerlich Georg Karkosch, erhalten. ›Das Geheimnis sind die Gewürze‹, verrät Artur Hunger. Version Dürrbeck (die Gegenpartei): ›Wir haben das Rezept der Soße 1993 für eine hohe vierstellige Summe gekauft.‹ Und zwar handele es sich um ›Original Hanse Ketchup‹, die sogenannte Rote Droge.«*

Fest steht, dass erst die Soße eine Wurst so richtig schmackhaft macht – und zudem für einen gepflegteren Abgang sorgt. Meerrettich, Senf, Fisch- oder Pfeffertunke waren seit jeher feste Begleiter der gebratenen Fleischwaren. Ursprünglich reifte die – wohl reichlich übel riechende – Fischtunke wochenlang in der Sonne. Seit dem 17. Jahrhundert wurde sie gesotten.

Hinzu kam ein asiatischer Einfluss: In China und vor allem im Inselstaat Indonesien wurden neben Fischen auch dunkle Sojabohnen zu Soße verarbeitet. Die Bezeichnung der würzigen und zähen Suppe: Kecap, eingedeutscht: Ketchup. Bis zum 18. Jahrhundert hatte die Soße Europa erreicht und wurde dem europäischen Geschmack mehr und mehr angepasst. Pilze, Nüsse, Zitrone und vor allem Tomaten gaben der flüssigen Beilage einen gefälligeren Gout. Das erste nachgewiesene Rezept für Tomatenketchup stammt aus dem Jahr 1812, als der Amerikaner James Mease notierte:

>> *Man schneidet die Liebesäpfel (Tomaten) in dünne Scheiben und streut auf jede Schicht etwas Salz, bedeckt sie und lässt sie 24 Stunden liegen; dann stampft man sie gut und köchelt sie eine halbe Stunde in einem Kessel aus Glockenmetall. Schließlich fügt man Muskatblüte und Nelkenpfeffer hinzu. Gibt man dann noch fein gehackte Zwiebel und einen Schuss Brandy hinzu, erhält man ein herrliches Ketchup.«*

So ganz traute Mease dem Geschmack dieser Mischung wohl nicht, denn um seinem Ketchup zu kommerziellem Erfolg zu verhelfen, behauptete er stets, das Rezept sei von der französischen Küche stark beeinflusst. Geholfen hat es dem Exil-Engländer nicht: Das große Geschäft machte ein anderer.

Es war der deutsche Auswanderer Henry John Heinz, der 1869 eine Firma gründete, die eingelegte Gurken, Sauerkraut und geriebenen Meerrettich verkaufte. Allerdings waren die Amerikaner offenbar nicht reif für die Feinheiten deutscher Küche, die Firma ging nach kurzer Zeit pleite. Doch Heinz gab nicht auf und setzte 1876 bei einem Neustart voll auf Ketchup. Und die Amerikaner rissen ihm die Flaschen nur so aus den Händen. Erst 1903 kam Konkurrent James Lewis Kraft auf den Markt – zu spät, um Heinz ernsthaft zu gefährden. Immerhin: Heute steht in rund 97 Prozent aller US-Haushalte mindestens eine Ketchup-Flasche. Und da ist, ganz offiziell, Gemüse drin. Die Regierung unter Präsident Ronald Reagan nämlich hat allen Ernstes 1981 Ketchup zu Gemüse erklärt. Hintergrund: Der Staat zahlt kräftige Zuschüsse an Schulküchen und Kantinen, wenn die an Kinder ausgegebenen Mahlzeiten bestimmten Mindeststandards entsprechen. 1981 aber strich der Kongress eine Milliarde Dollar und forderte die Zuständigen auf, innerhalb von 90 Tagen ein neues Konzept vorzulegen. Nun durften die Mahlzeiten bis dato nur Fleisch, Milch, Brot, Gemüse und Obst enthalten, um zuschussfähig zu sein. Der US-Nachwuchs allerdings weigerte sich strikt, diese drögen Speisen ohne Ketchup zu verzehren. Als die Zeit abzulaufen drohte, fand ein pfiffiger Verwaltungsangestellter den richtigen Dreh: Per Erlass wurde Ketchup dem Gemüse zugeordnet, das Geld floss weiter.

Inzwischen werden – nicht nur in den USA – zahllose Geschmacksrichtungen an den Mann gebracht. Auch Curryketchup als Soßenersatz ist darunter. Viel besser jedoch schmecken meist selbst fabrizierte Ketchup-Sorten. Im Ruhrgebiet etwa wurde vor allem in den 60er- und 70er-Jahren die ohnehin reichlich vorhandene Flüssigkeit von Schaschlik oder Nierenspießchen abgeschöpft und über die geschnittene Wurst verteilt. Für Schärfe sorgte weniger Chili als vielmehr Meerrettich. Und obendrauf gehörte damals wie heute eine kräftige Portion Curry.

Und dann geht es ans Verfeinern. Jürgen Mauermann, Chef des Düsseldorfer Schnellrestaurants »Curry«, setzt etwa auf Sojasoße für seine »pikante«, auf Ananasmarmelade für seine »fruchtige« und auf Trüffelöl für seine »exklusive Currysoße«. Es gilt: Nur ständiges Probieren hilft, das optimale Soßenrezept zu entwickeln.

Und noch ein Tipp aus der Praxis: Die Soße muss warm sein. Viele Köche beziffern die optimale Temperatur mit 25 Grad. Andere begnügen sich mit dem Hinweis, die Soße solle warm, aber nicht heiß sein. Wie es richtig geht, das wollen die Sterneköche Thomas Kammeier und Kolja Kleeberg zeigen. Sie kreieren für das Deutsche Currywurst Museum in Berlin spezielle Soßen, die natürlich vor Ort genossen werden können, und das selbstverständlich nicht zu kühl und nicht zu heiß.

Curry – Exot auf Eroberungstour

Geheimnisvoller Curry – er ist schon die dritte Zutat der Currywurst, deren Rezept unter dem Deckel gehalten wird, zumindest in seiner Heimat Indien. Viele Familien oder Dörfer mahlen und stampfen dort ihre ganz eigenen Mischungen und verraten nicht, was genau sie hineintun. Deshalb kann Curry eigentlich nie gleich Curry sein. Eigentlich, denn was heute im Supermarkt angeboten wird, ist nur europäisierte Massenware. Aber: Auch dieses Fertigpulver besteht aus verschiedenen Einzelgewürzen, denn entgegen einer immer noch verbreiteten Meinung wächst Curry nicht an der Currypflanze. Und die gemahlenen Blätter des Currybaumes sind zwar Ursprung des Gewürzes, taugen allerdings nicht für den langen Transport vom Subkontinent nach Europa, da sie ihr kräftiges Aroma innerhalb kurzer Zeit verlieren.

Beim Curry handelte es sich ursprünglich um einen pastenartigen Mix, mit dem vor allem in Indien heute noch zahlreiche Speisen verfeinert werden. Der Name Curry kommt vom indischen Begriff »Kari«, der nichts anderes bedeutet als »Ragout« oder »Soße«. In Nordindien gibt es auch Masalas, die ungemahlene Basis von Currypulver, die vor dem Genuss gestampft und zerrieben wird.

Eine kräftige rote Currypaste aus dem Feinkostgeschäft kann eine Currywurst sicher verfeinern. Klassisch ist jedoch das gelbe Pulver, das man hierzulande in jedem Laden bekommt. In Indien kennt man dieses Gewürz so nicht. Vielmehr haben indische Kolonialbeamte die Idee mit nach Hause gebracht und – nach dem Probieren verschiedener Kombinationen – in etwa den heute beliebten Mix herstellen lassen. Was ist drin? Verschiedene Quellen nennen unterschiedliche Gewürzmengen, die Zahl reicht von »zehn bis zwölf« bis zu 60. Die wichtigsten Ingredienzien sind laut dem Bielefelder Hersteller Ostmann »Koriandersamen und gemahlene Chilischoten oder Cayennepfeffer. Der milde Koriander bestimmt dabei den Grundgeschmack, der Cayennepfeffer die Schärfe. Die gelbe Farbe erhält der Curry durch Kurkuma«. Verwendet werden außerdem Pfeffer, Senfkörner, Paprika, Kardamom und Galgant (Ingwergewächse), Kreuzkümmel, Zimt, Nelken, Muskat und Muskatblüte, Ingwer, Knoblauch, Tamarinde (säuerliche Hülsen des Tamarindenbaumes), Kokos, Sternanis (Früchte des immergrünen Sternanis-Baumes), Mohnsamen, Fenchel, Lorbeerblätter und Piment oder Nelkenpfeffer. Zur kräftigen Madras-Mischung gehört der etwas bittere Bockshornkleesamen, euro-

Guten Curry gibt es im Versandhandel, im Asia-Shop oder in den – leider recht seltenen – Gewürzfachgeschäften.

Torsten Schon

päische Hersteller greifen auch zu Rosmarin oder Oregano. Gourmets wissen aber auch, dass keines der einzelnen Gewürze besonders hervorschmecken darf; vor allem zu viel Kurkuma macht den Curry erdig und aufdringlich. Der Verbraucherinformationsdienst aid in Bonn hat nach einem Test erklärt, er habe »keine einzige Zutat entdeckt, die in allen Mischungen vorkommt«.

Ist das zu große Vielfalt für europäische Geschmäcker? »Curry ist das am meisten missverstandene Gewürz«, schrieb einmal ein Autor. Und damit untertreibt er noch, denn das gelbe Pulver ist vielen Genießern ein Graus. »Nichts gemein mit dem frisch zusammengestellten, köstlichen Original hat das schmutzig gelbe, penetrant riechende Pulver, das die Currywurst so unvergesslich macht«, notierte ein Restaurantkritiker. Und im »Schweizer Sonntagsblick« ätzte einer seiner Kollegen: »Die deutsche Currywurst steckt in etwa ab, auf welchem gastronomischen Niveau dieses Gewürz in Europa seinen Platz hat.«

Nun, das mag auch an der falschen Behandlung des sanft rieselnden Geschmacksträgers gelegen haben, denn ob Fabrikprodukt oder nicht – der Curry zeigt sich vor allem beim Erhitzen sehr sensibel. Zu viel und zu trockene Hitze bekommt dem Pulver gar nicht, dann verbrennt oder karamellisiert es und schmeckt bitter. Wer nicht nur eine etwas gewöhnliche gelbe Prise auf Wurst und Soße stäuben möchte, dünstet das Pulver vorsichtig in etwas Fett an. Dafür eignen sich sowohl Butter als auch ein Öl ohne viel Eigengeschmack.

Auch und gerade für Currywurst-Fans gilt dabei: Wer beim Curry spart, spart am falschen Ende. Und damit die Freude am Gewürz länger erhalten bleibt, sollte Curry dunkel und luftdicht aufbewahrt werden. Nach einem halben Jahr lässt das Aroma jedoch nach. Dabei ist es doch gerade die Kombination aus sämiger, leicht süßlicher Soße, die am Gaumen den Boden bereitet für das zunächst sandig-staubige, dann aber unglaublich vielfältige Gewürzpulver. Dabei kommt es nicht nur zu einem geschmacklichen Erlebnis, sondern auch zu einer ganz erstaunlichen Fusion der Konsistenzen. Wer mag, lässt die Gerüche verschiedener Mischungen auf sich wirken und probiert dann messerspitzenweise.

Noch ein Tipp für Scharf-Esser: Falls doch mal zu viel Chili-Pulver im Curry auf der Currywurst gelandet ist, hilft etwas Brot oder eine Kartoffel. »Auf keinen Fall«, rät der Fachmediziner Michael Deeg, »sollte man mit Wasser, Säften oder Bier versuchen, den ›Brand‹ zu löschen.« Grund: Das Capsaicin, das für das Brennen im Mund sorgt, ist zwar fett-, aber nicht wasserlöslich. Wasser verteilt die Schärfe also vielmehr. Stattdessen sollte man »Joghurt oder Käse essen, Milch trinken oder den Mund mit Olivenöl spülen«.

CURRYWURST – NUR GUT GESCHNITTEN WIRKLICH ECHT

Vor allem im Westen Deutschlands kommt die Currywurst seit jeher geschnitten in die Pappschale. Mühsam war das in den Anfangstagen des beliebten Snacks, als die Wurst mit dem Messer oder gar der Schere zerteilt wurde. In Radevormwald zwischen Lüdenscheid und Wuppertal ging das auch dem **Unternehmer Friedhelm Selbach** auf, als ein Imbissbetreiber den Fabrikanten ansprach:

»Meinen Mitarbeitern werden die Daumen dick, können Sie nicht eine Schneidemaschine bauen?« Selbach fackelte nicht lange und konstruierte 1963 die erste Currywurst-Schneidemaschine (Foto), die noch heute weitgehend unverändert in vielen Kiosken steht. Oben wird die gebratene Wurst hineingesteckt, dann wandert sie an einem rotierenden Messer vorbei und purzelt unten in mundgerechten Stücken heraus.

Profigeräte gibt es mit Hand- und Fußbetrieb sowie einstellbarer Schnittbreite, die einfachen Modelle für daheim werden per Hand gekurbelt. Weil die Geräte aus hygienischem Edelstahl bestehen, sind sie allerdings für den Hausgebrauch zu teuer: Der Einstieg ins geschnittene Wurstvergnügen beginnt bei 150 Euro, nach oben kommen schnell 500 Euro und mehr zusammen.

Für Heimarbeiter: Rezepte, Rezepte

Currywurst selbst machen? In Kochbüchern und vor allem im Internet gibt es zahlreiche Rezepte, die sich oft jedoch nur in Nuancen unterscheiden. Und natürlich gibt es auch den einen oder anderen exklusiven Kniff wie den von Martin Henschel. Der Profikoch schwört darauf, einen Liter Cola bis auf die Hälfte einkochen zu lassen. Die zähe Flüssigkeit wird dann mit Curry gewürzt, später mit Ketchup vermischt und dann mit Curry, Tabasco, Worcester-Soße und Soja abgeschmeckt. Andere Currywurst-Fans schwören auf Mangosaft. Nur der sei die wahre Grundlage einer wirklich guten Currysoße, wobei auch Bananen- oder Orangensaft eingesetzt werden könnten.

Fruchtig oder nicht – auf den folgenden Seiten finden Sie einige Anregungen, die Sie entweder originalgetreu umsetzen oder auch nach eigenem Gusto abwandeln können.

Die Bilder von Linus T. entstanden im Rahmen einer Diplomarbeit, mit der eine **fiktive Werbekampagne für die Currywurst** lanciert werden sollte.

Currywurst mit Pommes frites und Mayonnaise

4 Personen
25 Minuten Zubereitungszeit
Quelle: CMA Centrale-Marketing Gesellschaft der deutschen Agrarwirtschaft

Zutaten:

4 Bratwürste (halb Rind, halb Schwein)
1 Esslöffel Butterschmalz
200 Gramm Curryketchup
500 Gramm Pommes frites (Tiefkühlware)
4 Esslöffel Mayonnaise

SOSSE:
120 Gramm Ketchup
4 Esslöffel Tomatenmark
1 Zwiebel (mittelgroß)
2 Knoblauchzehen
2 Peperoni (aus dem Glas)
1 Messerspitze Chilipulver
1 Teelöffel Curry
Salz, Paprikapulver

Schneiden Sie die Würste mit dem Messer oben und unten ein. Schälen Sie die Zwiebel und schneiden Sie sie in feine Würfel. Schälen Sie die Knoblauchzehen und hacken Sie sie fein. Zerteilen Sie die Peperoni grob.

Heizen Sie den Backofen oder die Fritteuse an und bereiten Sie die Pommes frites gemäß Anleitung auf der Packung zu. Gleichzeitig werden die Würste in Butterschmalz beidseitig kross gebraten. Während die Würste braten, vermengen Sie die Zwiebel mit Knoblauch, Peperoni, Ketchup, Tomatenmark, Paprikapulver, Curry und Chilipulver. Die Masse wird mit etwas Salz abgeschmeckt.

Richten Sie die Würste auf Tellern an. Geben Sie etwas Curry-ketchup darüber und bestäuben Sie das Ganze mit etwas Curry-pulver. Richten Sie die scharfe Zwiebel-Peperoni-Soße daneben an. Abschließend legen Sie die Pommes frites dazu und verteilen etwas Mayonnaise darüber.

Urteil: ★☆☆☆☆ – Diese Currywurst besteht zum Großteil aus Fertigprodukten. Und die Soße ist nicht erhitzt, schmeckt dadurch penetrant und aufdringlich. Nichts für Kenner!

Currywurst ganz einfach

2 Personen
10 Minuten Zubereitungszeit
Quelle: »Berliner Spezialitäten«, Ursula Calis, Innsbruck 2005

Zutaten:

4 Bratwürste
2 bis 3 Esslöffel Öl oder Butterschmalz
Tomatenketchup
Curry- und Paprikapulver
Weißer Pfeffer

Erhitzen Sie das Fett in einer Pfanne und braten Sie die Würste von allen Seiten knusprig an. Servieren Sie sie dann auf Tellern, wobei auf die Würste der Ketchup kommt, der kräftig mit Curry, Paprika und Pfeffer gewürzt wird.

Urteil: ★☆☆☆☆ – Eine Minimallösung, die ordentlich, aber nie gut schmecken kann. Dann lieber ab zum Imbiss.

Curried Sausages

4 Personen
35 Minuten Zubereitungszeit
Quelle: Sausagefans.com

Zutaten:

10 bis 12 dünne Würste (Geschmacksrichtung egal)
frisches gemischtes Gemüse (z. B. Karotten, Zucchini, Pilze, Paprika)
1 Zwiebel (gehackt)
1 Esslöffel Currypulver
1 Teelöffel gemischte Kräuter, 1 Teelöffel Zucker
1 Teelöffel Knoblauch
1 Teelöffel Tomatenmark
300 Gramm gekochte Nudeln

Braten Sie die Zwiebel, geben Sie das Currypulver, die Kräuter und den Zucker hinzu. Kochen Sie gleichzeitig die Würste und lassen Sie sie abtropfen. In die Pfanne mit dem Zwiebel-Gewürz-Mix legen Sie das geschnittene Gemüse, wenn dies angedünstet ist, mischen Sie den Knoblauch und das Tomatenmark darunter. Auch die fertigen Würste kommen hinzu. Lassen Sie das Ganze noch ein paar Minuten auf kleiner Flamme köcheln. Fügen Sie die gekochten Nudeln dazu, fertig.

Urteil: ★★★☆☆ – Gut: viel frisches Gemüse. Typisch amerikanisch: alles in einen Topf. Diese »Currywürste« sind mal etwas anderes, aber keine große Küche.

Berliner Currywurst

5 Personen
90 Minuten Zubereitungszeit
Quelle: Jürgen Fehrenbach,
»Restaurant im Logenhaus« (»essen & trinken« 12/93)

Zutaten:

300 Gramm Schweinefleisch (gehackt)
100 Gramm Schlagsahne
1 Teelöffel Currypaste (mild)
1 Teelöffel »Five Spice« (chinesische Gewürzmischung)
1 Teelöffel Kurkuma
1 Meter Lammdarm

ZUM BESTREUEN:
1 Teelöffel Garam masala (indische Gewürzmischung)
2 Teelöffel Koriander (gehackt)
Salz, Pfeffer

Pürieren Sie Fleisch und Sahne im Mixer und vermengen Sie die Masse mit den Gewürzen. Füllen Sie das Gemisch in einen Spritzbeutel, auf den Sie eine Lochtülle mit acht Millimeter Durchmesser stecken. Drücken Sie durch diese Tülle den Fleisch-Gewürze-Mix in den Darm und binden Sie mit Küchengarn etwa acht Zentimeter lange Würstchen ab. Pochieren Sie die Würste drei Minuten lang, das heißt: Lassen Sie sie drei Minuten lang in sehr heißem (75 bis 95 Grad), aber nicht kochendem Wasser ziehen. Danach stellen Sie die pochierten Würste kalt.

Wenn die Würste abgekühlt sind, schneiden Sie sie vorsichtig ein und braten Sie sie von allen Seiten an. Dabei werden sie behutsam mit Garam masala, Koriander, Salz und Pfeffer bestreut.

Urteil: ★★★★☆ – Lecker! Exotisch und beim ersten Mal nicht ganz leicht zuzubereiten, aber der Geschmack ist spitze. Leider fehlt beim Rezept eine Soße, die diese Würste harmonisch ergänzt.

Echte Berliner Currywurst

1 Person
10 Minuten Zubereitungszeit
Quelle: »Kalter Krieg und warme Küche«,
Sylvia Robeck/Gabriela Wachter (Hg.), Berlin 2004

Zutaten:

1 Bockwurst
Ketchup
Currypulver
Paprikapulver
Brat- oder Frittierfett

Schneiden Sie die Bockwurst mehrmals schräg an und braten Sie sie dann in einer Pfanne oder frittieren Sie sie. Geben Sie abschließend den Ketchup darüber, der mit Curry bestäubt wird. Dann wird die Wurst in Scheiben geschnitten und mundgerecht serviert. Dazu reicht man Brot oder Pommes frites.

Urteil: ★☆☆☆☆ – Das soll eine echte Berliner Currywurst sein? Mit Bockwurst in der Pelle? Da nützt auch der ergänzende Hinweis der Autorinnen nichts: »Das richtige Mischungsverhältnis müssen Sie selbst erproben, da das Originalrezept der Currysoße geheim und patentrechtlich geschützt ist.« Quatsch mit Soße!

Berliner Currywurst mit Honig

4 Personen
20 Minuten Zubereitungszeit
Quelle: Henrik Bortels, Märkische Allgemeine Zeitung

Zutaten:

4 Bockwürste
4 Brötchen

SOSSE:
1 Flasche Tomatenketchup
2 kleine Zwiebeln
3 Esslöffel dunkler Balsamico
2 Esslöffel Honig
2 Esslöffel Currypulver
Chilipulver oder Cayennepfeffer
1 Spritzer Sojasoße
Olivenöl
Tomatenmark
Wasser

Die klein geschnittenen Zwiebeln dünsten Sie in Olivenöl, bis sie glasig sind. Geben Sie etwas Tomatenmark hinzu und löschen Sie das Ganze mit Wasser ab. Füllen Sie dann mit Tomatenketchup, Essig sowie Honig auf und lassen Sie die Mischung bei kleiner Hitze leicht köcheln. Wenn der Balsamico weitgehend verdampft ist, kommen ein Schuss Sojasoße und etwas Chili oder Cayennepfeffer hinzu. Dann sollten Sie die Soße gut umrühren, gegebenenfalls gehört noch etwas Wasser hinein. Schmecken Sie die Soße ab.

Braten Sie die Würstchen etwa zehn Minuten lang. Schneiden Sie sie anschließend in etwa fingerdicke Scheiben, bestreuen Sie diese mit Currypulver und übergießen Sie sie mit der Soße.

Urteil: ★★★☆☆ – Kinder werden diese Soße lieben: Erst kommt süßer Ketchup rein, dann Honig hinzu. Vorsicht: Zu viel Curry macht den Effekt zunichte …

Currywurst

2 bis 3 Personen
75 Minuten Zubereitungszeit
Quelle: »Der Nackte auf Wagen 10«, Marc Marée, Föritz 2003

Zutaten:

1 Esslöffel Olivenöl
1 Zwiebel
1 Dose Tomaten
1 Apfel
1/8 Liter Apfelessig
1 Teelöffel Salz
50 Gramm Zucker
2 Teelöffel Senf
Basilikum

WURST/POMMES FRITES:
3 Currywürste
20 Gramm Fett
600 Gramm Pommes frites
Curry

Zunächst bereiten Sie den Ketchup für die Currywurst vor. Dafür dünsten Sie die fein gehackte Zwiebel in Olivenöl an, bis sie glasig ist. Fügen Sie die Tomaten aus der Dose samt ihrem Saft hinzu. Auch der grob gewürfelte halbe Apfel wird untergemischt. Dann gießen Sie den

Apfelessig dazu und schmecken das Ganze mit Salz, Zucker, Pfeffer aus der Mühle, Senf, getrocknetem Basilikum und etwas Curry ab. Lassen Sie die Mischung bei mittlerer Hitze im offenen Topf köcheln, wobei Sie häufig umrühren sollten. Ziel ist es, die Flüssigkeit so weit verdampfen zu lassen, bis ein dicklicher Tomatenbrei entsteht. Das dauert etwa 45 Minuten. Streichen Sie den Brei durch ein Sieb und schmecken Sie den Ketchup noch einmal ab.

Nun lassen Sie in einer großen Pfanne das Fett schmelzen und braten die Würste (es können auch normale Bratwürste sein) fünf bis acht Minuten lang bei nicht zu großer Hitze hellbraun. Wenden Sie sie dabei immer wieder. Abschließend werden die Würste in Stücke geschnitten, dann wird der Ketchup darübergegossen und mit Curry bestreut. Dazu schmecken Pommes frites.

Urteil: ★★★★☆ – Trotz Tomaten aus der Dose – das Reduzieren reißt es raus. Insgesamt ein Rezept für durchaus schmackhafte Ergebnisse. Mit den Gewürzen lässt sich trefflich experimentieren.

Beelitzer Kaninchen-Currywurst

10 Personen
60 Minuten Zubereitungszeit
Quelle: Michael Häberer, »Hotel Mercure Berlin – Potsdam«
(aus: »inspiration« Herbst 2005)

Zutaten:

CURRYWURST:
600 Gramm Kaninchenkeule ohne Knochen
0,3 Liter Sahne
100 Gramm Lachsschinken
(roh, geräuchert, fein gewürfelt – als Einlage)

50 Milliliter Olivenöl
Salbei
Estragon
Ursalz
Paprikapulver
Chilis (gemahlen)
Muskatblüte (gemahlen)
Darm

PFEFFER-TOMATENKETCHUP:
500 Gramm Fleischtomaten
100 Gramm rote Zwiebeln (fein gewürfelt)
50 Milliliter Basilikum-Öl
Zucker
Currypulver
Paprikapulver
Selleriesalz
Weißer Pfeffer (gemahlen)
Himbeeressig

POMMES FRITES:
0,5 Kilogramm Grillkartoffeln
0,2 Kilogramm Bataten (Süßkartoffeln)
0,2 Kilogramm blaue Kartoffeln
Sonnenblumenöl
Gewürzsalz

Bereiten Sie zunächst aus den Currywurst-Zutaten eine klassische Farce zu, indem Sie das Fleisch fein schneiden und hacken, mit der Sahne abbinden und würzen. Füllen Sie die Mischung dann in einen Spritzsack mit großer Lochtülle, durch die Sie die Masse in den Darm füllen oder portionsgerecht auf ein geöltes Blech drücken. Die Würste werden dann nach Möglichkeit bei etwa 85 Grad gedämpft oder im Backofen bei entsprechend geringer Hitze gegart.

Anschließend werden die Würste in einer Pfanne mit Olivenöl goldgelb gebraten.

Die Zutaten für den Tomaten-Pfefferketchup werden sehr fein geschnitten, angedünstet und dann leicht gekocht, bis die Flüssigkeit etwas reduziert ist. Dann schmecken Sie den Ketchup ab und verfeinern ihn behutsam mit dem Himbeeressig.

Für die Pommes frites schälen Sie die Kartoffeln und schneiden sie in Stifte. Waschen Sie die Stifte und trocknen Sie sie mit Küchentüchern sorgfältig ab. Frittieren oder backen Sie die Pommes, bis sie goldgelb sind, und würzen Sie sie mit dem Gewürzsalz.

Urteil: ★★★★★ – Currywurst auf Kaninchenbasis, dazu viele frische Zutaten – das ist die perfekte Form für einen »Schnellimbiss« zu Hause – lecker!

Krebswürstl in Currysoße

4 Personen
75 Minuten Zubereitungszeit
Quelle: Chefkoch.de

Zutaten:

KREBSWÜRSTL:
140 Gramm Lachsfilet
140 Gramm mageres Kalbfleisch (alternativ: Hähnchenbrustfilet)
140 Gramm Krebsfleisch
50 Gramm Räucherlachs
140 Gramm Krebsbutter
Sahne
2 Eier
2 Brötchen (eingeweicht)

4 Zentiliter Cognac
Basilikum und Petersilie (frisch, fein gehackt)
Salz
Cayennepfeffer
1 Glas Fischfonds
Saitlinge (Lammdarm)

CURRYSOSSE:
1 mittelgroße Zwiebel (sehr fein gewürfelt)
1 Knoblauchzehe (fein gehackt)
1 Esslöffel Currypaste rot
150 Gramm Tomatenmark
250 Milliliter Orangensaft
Salz
Pfeffer
Olivenöl
1 Prise Zucker

Verarbeiten Sie zunächst Lachsfilet und Fleisch zu einer Farce, indem Sie das Fleisch zerkleinern, Räucherlachs, Brötchen, Eier und Sahne hinzufügen und im Mixer pürieren. Danach schmecken Sie die Mischung mit den Gewürzen und den frischen Kräutern ab. Verflüssigen Sie die Krebsbutter und montieren Sie sie unter die durch ein Sieb gestrichene Farce. Schmecken Sie erneut mit Salz, Cayennepfeffer und dem Cognac ab. Hacken Sie nun das Krebsfleisch fein und arbeiten Sie es in die Mischung ein. Füllen Sie das Ganze in einen Spritzbeutel und drücken Sie es durch eine Lochtülle in die Saitlinge. Die Würste werden nun mit Küchengarn abgebunden und anschließend in dem (verdünnten) Fischfonds blanchiert, indem sie etwa 20 Sekunden in die kochende Flüssigkeit getaucht werden. Stellen Sie die Krebswürstl kühl.

Nun schwitzen Sie für die Soße Zwiebel und Knoblauch in etwas Olivenöl an. Geben Sie Currypaste und Tomatenmark hinzu und löschen Sie mit dem Orangensaft ab. Lassen Sie die Soße kurz aufkochen und schmecken Sie sie mit den Gewürzen ab. Ist die Soße weitgehend fertig, dann braten Sie die Würste vorsichtig in Butterschmalz an, bis sie außen goldbraun sind. Geben Sie die warme Soße darüber.

Urteil: ★★★★☆ – Wer Fisch mag, wird mit dieser Currywurst bestimmt glücklich. Traditionalisten müssen sich mit der ungewöhnlichen Kombination erst anfreunden.

Currywurst nach Art des Hauses im Kartoffelnest

Ohne Mengenangabe
90 Minuten Zubereitungszeit (ohne Sauce Demi-Glace)
Quelle: Johannes Guggenberger

Zutaten:

WURST:
Bratwurst weiß, ohne Haut
Rapsöl

KARTOFFELNEST:
Kartoffeln (roh in feine Streifen gerieben und ausgedrückt)
Ei
Mehl
Salz
Pfeffer
Rapsöl

SOSSE:
Sauce Demi-Glace (extra anfertigen, Rezepte im Internet)
Tomaten (entkernt, geschält, gewürfelt)

Lauchzwiebel (geputzt, in Scheiben geschnitten)
Gemüsebrühe
Butterschmalz
Paprika süß
Salz
Pfeffer aus der Mühle
Honig
Balsamico
Currypulver

Für die Soße werden die Tomatenwürfel und die Lauchscheiben in heißem Butterschmalz angeschwenkt. Danach geben Sie die Paprika hinzu und rösten sie kurz an, achten aber darauf, dass diese nicht anbrennt. Löschen Sie dann mit wenig Gemüsebrühe ab und kochen Sie die Mischung zu einem Sugo, also zu einer sämigen Soße, ein. Füllen Sie mit der Sauce Demi-Glace auf und lassen Sie den Sud bei mittlerer Hitze reduzieren. Schmecken Sie mit Balsamico, Honig, Salz und Pfeffer ab.

Vermischen Sie für das Kartoffelnest Ei und Mehl miteinander. Mengen Sie dann die Kartoffelstreifen unter und würzen Sie den Mix mit Salz und Pfeffer. Streichen Sie die fertige Masse in ein kleines Sieb und frittieren Sie sie im Sieb in heißem Rapsöl.

Die Bratwurst wird in Rapsöl gebraten und zum Servieren in Scheiben geschnitten. Diese Scheiben werden dann in das Kartoffelnest gelegt, mit der Soße übergossen und mit Currypulver bestreut.

Urteil: ★★★☆☆ – Sehr schmackhaft – aber ob sich der Aufwand lohnt, muss der Currywurst-Liebhaber allein entscheiden. Johannes Guggenberger jedenfalls würde nie zu Fertigsoße greifen.

Currywurst mit Kartoffelstiften aus dem Ofen

10 Personen
60 Minuten Zubereitungszeit
Quelle: Rainer Sass, »Das! schmeckt«

Zutaten:

Bratwürste
1 Zwiebel (gehackt)
Blattgold

SOSSE:
1 Dose Tomaten (800 Gramm)
1 große Zwiebel (gehackt)
1 Knoblauchzehe (gehackt)
2 Chilischoten (scharf, gehackt)
4 Esslöffel Olivenöl
1 Esslöffel Tomatenmark
1 Teelöffel Currypulver
1 Scheibe Ingwer (5 Millimeter dick)
1 Stange Zitronengras
1 Teelöffel Zucker
1 Teelöffel Salz
20 Pfefferkörner (schwarz, zerstoßen)
1 Bund gehackte Petersilie

POMMES FRITES:
Festkochende Kartoffeln, in Stifte geschnitten
Meersalz
Geklärte Butter

Für die Pommes frites werden die Kartoffelstifte mit geklärter Butter und Salz vermengt und im Backofen bei 200 Grad rund 20 Minuten lang gebacken. Dabei sollten die frites regelmäßig gewendet werden.

Für die Soße geben Sie alle Zutaten in einen Topf und lassen Sie sie unter dem Deckel etwa 30 Minuten lang köcheln. Passieren Sie danach die Mischung durch ein Sieb oder durch eine Flotte Lotte, würzen Sie mit Salz, Pfeffer und Zucker nach.

Die Bratwurst wird eingeschnitten und in Pflanzen- oder Traubenkernöl gebraten. Zum Servieren geben Sie etwas Blattgold darauf. Hinzu kommt die Soße, die mit einem Hauch Currypulver bestäubt wird.

Urteil: ★★★★☆ – Ingwer und Zitronengras sorgen für den Kick, das Blattgold wertet die Currywurst optisch auf. Eine runde Sache von Fernsehkoch Rainer Sass – allerdings ganz schön aufwändig.

Currywurst im Härtetest – was Fertigprodukte taugen

Lecker? Wer hat nicht mal Lust auf eine schnelle Currywurst in den eigenen vier Wänden. Die Hersteller von Fertigprodukten haben sich längst darauf eingestellt und bieten eine Vielzahl von Soßen, die angerührt werden müssen, und Komplettspeisen im Plastikgeschirr. Aufwärmen und schmecken, versprechen die Anbieter. Allerdings bleibt der Wunsch auf eine echte »Curry« dabei vorerst auf der

Produkt	Herst.	Preis	Art	Gewicht	Haltbark.	Zubereitung
CurryKing	Meica	1,59 €	Fertig-gericht, gekühlt	220 g (Wurst: 120 g)	rund 3-4 Monate	Erhitzen in Wasserbad od. Mikrowelle
CurryMax	iss was!	1,29 €	Fertig-gericht, gekühlt	220 g (Wurst: 120 g)	rund 3-4 Monate	Erhitzen in Wasserbad od. Mikrowelle
Currywurst & Pommes	Quisit	1,99 €	Fertig-gericht, gefroren	325 g	rund 6 Monate	Erhitzen in Mikrowelle od. Backofen
Currywurst-Kartoffel-topf	Erasco	5,35 €	Konserve	1600 g	rund 2 Jahre	Erhitzen im Topf oder Wasserbad
Currywurst-Topf	Buss	1,55 €	Fertig-gericht	300 g	rund 6 Monate	Erhitzen in Wasserbad od. Mikrowelle
fix & frisch	Maggi	0,99 €	Soßen-mischung (Pulver)	40 g	rund 2 Jahre	Wurst anbra-ten, Soße aufkochen
KnorrFix Currywurst	Knorr	0,89 €	Soßen-mischung (Pulver)	42 g	rund 2 Jahre	Wurst anbra-ten, Soße aufkochen
TofuKing Veggie	Viana	3,49 €	Fertig-gericht, gekühlt	250 g	30 Tage	Erhitzen in Wasserbad, Pfanne od. Mikrowelle

Strecke, denn geschmacklich und häufig auch in Sachen Konsistenz kann die Mikrowellen-Mahlzeit mit einer frischen Currywurst nicht mithalten.

Einen besonderen Exzess hat sich dabei Backwaren-Spezialist Dr. Oetker geleistet, der – pünktlich zur Fußball-Weltmeisterschaft in Deutschland – im Jahr 2006 die **Culinara Halbzeitpizza mit Currywurst** auf den Markt brachte. Damit appellierten die Bielefelder wirklich an die niedrigsten Instinkte, sind sicher für zahlreiche Ehescheidungen verantwortlich und beendeten das Experiment, kurz nachdem die DFB-Elf im Halbfinale gescheitert war. Hier ein paar solcher Fertigmenüs im Schnelltest:

Verkostung	Besonderes	Punkte
Bockwurst mit Pelle, nicht knackig, viel Soße, Currypulver aufdringlich im Geschmack, leicht scharf, Wurst selbst fad	zusätzliches Currypulver und Holzpieker	★★☆☆☆
Bockwurst mit Pelle, unangenehme Konsistenz, dünne Soße ohne wesentlichen Eigengeschmack, fad, leicht tomatig	zusätzliches Currypulver und Holzpieker	★☆☆☆☆
Wurst mäßig im Geschmack, optisch wenig ansprechend, nicht knackig, Soße sämig, angenehm, Pommes außen knusprig	Schale unterteilt in Hälften für Wurst mit Soße und Pommes	★★☆☆☆
Suppig mit vielen Kartoffelstückchen, kaum Wurst, Soße fruchtig, aber im Nachgeschmack aufdringlich	Mischprodukt	★☆☆☆☆
Merkwürdig mürbe Konsistenz der Wurst, Nudeln matschig, Soße sehr fruchtig und süß, nur schwaches Curry-Aroma	Mischprodukt	★☆☆☆☆
Angenehme Konsistenz, schwacher Currygeschmack, leicht tomatig, künstliche Note, mäßig scharf		★★☆☆☆
Guter Geschmack, leicht scharf, angenehm cremige Konsistenz, im Nachgeschmack leicht mehlig		★★★★☆
Zähe, gummiartige Konsistenz, aufdringliche Currynote, Soße unangenehm, leicht mehlig, kaum Tomatenaroma	100 % vegetarisch	☆☆☆☆☆

Das »Kleingedruckte«: Thema Gesundheit

Eigentlich, glaubt man Kritikern des Currywurst-Genusses, eigentlich müsste auf jede Pappschale ein Warnhinweis gedruckt sein: »Der Verzehr dieser Speise gefährdet Ihre Gesundheit!« Aber ganz so dramatisch ist es gar nicht, auch wenn Apologeten einer sogenannten vernünftigen Ernährung aus allen Rohren gegen das öffentliche Bekenntnis zur »Curry« schießen werden. Damit Freunde des exotischen Leckerbissens dann nicht ganz wehrlos dastehen, hier ein wenig Munition, mit der jeder Versuch, einem die plebejisch-kulinarische Freude zu vergällen, erfolgreich torpediert werden kann.

Klar ist, dass Fastfood nicht als dauerhafte Basis einer bewussten Ernährung herhalten kann. Vor allem junge Menschen greifen bis zu vier Mal pro Woche zu Currywurst, aber auch zu Pizza, Pommes und Hamburger, so das Marktforschungsinstitut Forsa. Die Befragten gaben dabei an, sie hätten zu wenig Zeit, um sich Essen selbst zuzubereiten und äßen zudem, was ihnen schmecke – ganz gleich, ob gesund oder nicht. Auch geringere Kosten spielen eine wichtige Rolle.

In Deutschland hat der Imbiss »auf die Hand« zudem eine enorme Tradition. Bereits im 14. Jahrhundert haben eilige Arbeiter, Reisende und Marktbeschicker an der Wurstküche an der berühmten Regensburger Donaubrücke en passant zu Bratwürsten als schnellem Snack gegriffen. Die Wurstküche gibt es noch heute – obwohl das hastig verschlungene Gericht durchaus schädlich für den Körper sein kann. Einerseits neigt der Magen dazu, noch bis zu 20 Minuten später nach weiterer Nahrung zu verlangen, weil die Sättigung erst spät einsetzt. Andererseits sind die meisten Gerichte vorgekocht und werden warm gehalten oder sonst wie konserviert. Die Folgen: zu viel Salz und Fett, zu wenig Vitamine, Mineral- und Ballaststoffe.

Das weiß ohnehin jeder, dennoch zieht es uns mehr oder weniger regelmäßig an die »Wurschtbude«. Ein Erklärungsversuch: Forscher an der Universität von Princeton haben festgestellt, dass Labormäuse, die erst mit Fastfood gemästet und dann auf normale Kost umgestellt wurden, auf den Entzug des im Futter enthaltenen Zuckers wie auf Drogenentzug reagierten. Die Forscher stellten zudem fest, dass der hohe Fettanteil im Gehirn die Ausschüttung von Glückshormonen anregte. Wer einmal Currywurst gegessen hat, kommt nicht mehr davon weg, könnte man folgern. Allerdings ist nicht sicher, ob dieser Zusammenhang auch beim Menschen nachweisbar ist.

Aber wie sollten gerade junge, formbare Hungrige vom Schnellimbiss lassen, wenn sie es doch im täglichen Abendprogramm immer wieder vorgelebt bekommen? Wie zu fast allen wichtigen Themen hat sich nämlich die Wissenschaft auch dieses bewegenden Themas angenommen. Die Kommunikationsexpertin Stephanie Lücke hat sich der »Ernährung im Fernsehen« in einer Studie genähert und konstatiert, es werde »in Filmen, Serien und Shows zu fettig und zu süß gegessen«. Als abschreckende Beispiele werden dabei unter anderem die Fernsehkommissare Max Ballauf und Fredy Schenk genannt, die sich zu wichtigen Besprechungen an ihrem Lieblings-Currywurststand treffen. Lücke hat gezählt, dass »den Fernsehzuschauern rund neun Mal pro Stunde eine Szene mit Ernährungsbezug begegnet, und diese Darstellungen nehmen elf Prozent der vier beliebtesten Fernsehsender in der zuschauerstärksten Sendezeit ein«.

Also machen die Bundesbürger mit – leiden allerdings nach dem Imbissbesuch weniger unter Magendrücken und Sodbrennen als vielmehr unter einem schlechten Gewissen. Das Marktforschungsinstitut »Psychonomics« nämlich hat ermittelt, dass jeder Vierte nach einem Besuch im Schnellrestaurant ein mieses Gefühl hat. Zum Ausgleich – und immerhin speisen 90 Prozent der Deutschen zumindest gelegentlich am Imbiss – greifen sie gern etwa zu Salaten als Beilage, um »so gesund wie möglich« zu essen. Eine Ernährungssünde im weiteren Sinne bleibt der Snack dennoch.

Aber ach: »Im Alter bereut man vor allem die Sünden, die man nicht begangen hat«, wusste schon der englische Schriftsteller William Somerset Maugham. Also darf man sich ab und zu durchaus eine Currywurst schmecken lassen. Das schreibt auch Martin Kunz in seinem Ratgeber »Die Männer-Diät«: »Drei Wochen Ananas-Diät zu machen, um drei Kilo abzunehmen, das motiviert keinen Mann«, erklärt er. Da Männer ungern auf ihre Lieblingsgerichte verzichteten, gehörten eben auch mal eine Currywurst und ein Bier auf den Speisezettel. Und weil es zu zweit besser schmeckt, geht frau einfach mit.

Pommes frites – besser als ihr Ruf

Bevor die Currywurst mit ihren Bestandteilen unters ernährungsphysiologische Mikroskop gerückt wird, zunächst ein Blick auf die Beilagen. Gewiss: »Curry«-Freunde wissen, dass es sich da nur um ein Brötchen handeln kann. Aber fest steht auch, dass dem gemeinen, oft weichen und pappigen, da in Plastikbeuteln gelagerten Weißmehlgebäck nur schwerlich etwas Positives abzugewinnen ist – außer, dass es optimal zur Wurst passt.

Daher bleibt – gewissermaßen stellvertretend – der durchaus spannende Blick auf die frittierten Kartoffeln. Der skurrile Sänger Helge Schneider hat sich sein Urteil längst gebildet: »Ich esse gern gesunde Sachen, aber Pommes sind auch gesund, man darf nur nicht zu viel Pommes essen.« Nun ja. Als Energielieferant jedenfalls wird die Knolle meist überschätzt. Mit 70 bis 100 Kilokalorien liegt sie etwa auf dem Niveau eines Apfels. Neben 80 Prozent Wasser sind allerdings auch rund zwei Prozent Proteine, also Eiweißstoffe, enthalten. Von allen pflanzlichen Eiweißlieferanten hat die Kartoffel den höchsten Anteil an verwertbarem Eiweiß, verfügt also über eine hohe biologische Wertigkeit, heißt es bei Wikipedia. Hinzu kommen Mineralstoffe wie Kalium, Magnesium und Eisen. Weniger bedeutend sind die Vitamine. Zwar ist in der Kartoffel vor allem Vitamin C enthalten; da dies aber Wärme und Verdünnung in Wasser ist, geht ein Großteil davon bei der Zubereitung verloren. Ähnlich sieht es mit den Vitaminen B1 und B3 aus, lediglich B6 hält sich etwas besser. Und schließlich deckt eine Portion von 300 Gramm Kartoffeln immerhin ein Fünftel des empfohlenen Tagesbedarfs an Ballaststoffen.

Aber: Bei der Zubereitung von Kartoffeln als Pommes frites entwickeln sich zwei Problembereiche. Da ist zum einen die hohe Anreicherung mit Fett. Andererseits führt die Verarbeitung bei großer Hitze dazu, dass sich krebserregende Stoffe bilden. Schwedische Forscher hatten 2002 nachgewiesen, dass beim Erhitzen stärkehaltiger Speisen Acrylamid entsteht. Der Stoff kann nicht nur in Pommes frites, sondern etwa auch in Röstkaffee oder Gebäck enthalten sein. Doch für Panik, wie sie nach den Erkenntnissen ausbrach, besteht kein echter Grund, denn: »Mit dieser Chemikalie lebt der Mensch schon so lange, wie er Feuer zur Nahrungszubereitung benutzt«, teilt das Deutsche Krebsforschungszentrum mit. Und Lebensmitteltechniker der Technischen Universität München legten später noch einmal nach: Keine der häufigen Krebsarten stehe in statistischem Zusammenhang mit dem Verzehr dieser Substanzen. Nicht einmal bei Fabrikarbeitern, die jahrelang extrem hohen Acrylamidmengen ausgesetzt waren, erhöhte sich die Krebsrate. Fazit der Studie: »Vermeintliche Krebsauslöser im Essen werden überschätzt.«

Aufregung verursachte 2008 auch die Nachricht, es gebe noch einen weit gefährlicheren Stoff, der in Pommes enthalten sei: das Glycidamid. Das sei wesentlich gefährlicher als seine Basis Acrylamid, aus der es durch Reaktion mit ungesättigten Fettsäuren und Sauerstoff entstehe. Schon geringste Mengen könnten zu Zellmutationen führen, hieß es. Die Verbraucher nahmen das – diesmal – recht entspannt hin. Und der Toxikologe und Lebensmittelchemiker Matthias Baum von der Technischen Universität Kaiserslautern gab zusätzlich Entwarnung. Die Substanz werde im menschlichen Körper in weitaus größeren Mengen gebildet, als sie im Essen nachgewiesen worden seien. Und da der Organismus nicht in selbstzerstörerischer Weise funktioniert, geht er mit den vermeintlichen Killerstoffen gelassen um.

Zur Sicherheit sollte man allerdings das Entstehen der Chemikalien vermeiden – ein Kinderspiel. Grundregel: Pommes frites werden mit maximal 175 Grad frittiert, da ab 180 Grad mehr Acrylamid und Glycidamid entstehen. Zudem reicht es, die Kartoffelstäbchen relativ kurz im Ölbad zu garen. »Vergolden statt verkohlen« lautet die Devise. Wissenschaftler Matthias Baum jedenfalls sagt, er selbst esse auch weiterhin Pommes frites, und: »Ich mache mir dabei wesentlich mehr Sorgen um Übergewicht als um Glycidamid.«

Damit legt Baum den Finger auf die schmerzende Wunde, denn so lecker Pommes sind – auf Dauer machen sie fett. Und das aus gutem Grund, denn Fette verbessern den Geschmack, weil sie aromatische Moleküle binden. Also verwenden schon die Hersteller beim Produzieren von Tiefkühl-Fritten Öl zum Vorgaren. Dennoch sind Hobbyköche der Unbill der Industrie und den Erfordernissen einer geschmacklich ansprechenden Zubereitung nicht hilflos ausgesetzt.

Wichtig zu wissen: Je dünner die Kartoffelstäbchen sind, desto größer ist im Verhältnis zum Gesamtvolumen die Oberfläche. Und dadurch nehmen die frites mehr Fett auf. Also sollten selbstgemachte

WIE POMMES FRITES GEMACHT WERDEN

Das Grundprinzip der »Zubereitung von Pommes frites« beschreibt eine gleichnamige Broschüre so:

»Ein Kartoffelstäbchen mit hohem Wassergehalt (etwa 80 Prozent) wird mit Fett in Berührung gebracht, dessen Temperatur von mehr als 100 Grad Celsius über dem Siedepunkt von Wasser liegt. Im Moment des Kontaktes steigt die Temperatur an der Oberfläche rasch an, bis sie 100 Grad erreicht. Das Oberflächenwasser verdampft schlagartig, wodurch ein Druckgefälle vom Inneren des Kartoffelstückchens zur Oberfläche entsteht. Hier bildet sich ein poröser Krustenbereich, in den das Öl eindringen kann. Bedingt durch den Schwund des Oberflächenwassers kommt es zu einer Bräunungsphase, die insbesondere durch die Maillard-Reaktion (eine Veränderung der Oberflächenstruktur) verursacht wird. Währenddessen nimmt die Temperatur im Inneren nur allmählich zu und stabilisiert sich bei etwa 100 Grad. Deshalb behält dieser Bereich die natürliche Feuchtigkeit der Kartoffel und wird ›im eigenen Saft‹ bei 100 Grad dampfgegart.«

Quelle: SEB/Tefal

Pommes möglichst dick geschnitten werden – auch wenn die Kids erst einmal mit langen Gesichtern reagieren. Außerdem ist es entscheidend, nicht allzu viele Fritten gleichzeitig ins siedende Öl zu werfen. Denn dadurch sinkt die Temperatur der Flüssigkeit stärker, die »Versiegelung« der Kartoffel-Oberfläche dauert länger – es wird wiederum mehr Fett aufgenommen. Und schließlich sollte das Öl vor dem Hinzufügen der Kartoffelstäbchen auf Werte dicht unter den kritischen 180 Grad erhitzt und möglichst auch später in diesem Bereich gehalten werden. Denn auch das verringert die Aufnahme der Fette durch die Kartoffelstückchen.

Wer sich zusätzlich etwas Gutes tun möchte, verwendet nur hochwertige Öle, die sich zum Frittieren gut eignen, etwa Oliven-, Sonnenblumen- oder Erdnussöl. Häufiger als etwa zehn Mal sollte dieses Öl nicht genutzt werden, da sich beim Gebrauch gesundheitsschädliche Kohlestückchen bilden. Wer diese Hinweise berücksichtigt, kann den Fettgehalt von Pommes frites relativ dicht an die Null-Prozent-Marke drücken.

Nur gilt das für Imbissbuden-Ware sicher nicht. Trotzdem haben die meisten Menschen Probleme, an einem Schnellimbiss vorbeizugehen, aus dem es verführerisch nach Pommes frites duftet. Warum das so ist, das haben britische Wissenschaftler herausgefunden. Es liegt tatsächlich am unwiderstehlichen Duft, der sich aus verschiedenen Teilaromen zusammensetzt. Was die Nase des unbedarften Passanten als Frittierware identifiziert, besteht vielmehr aus – per Chromatografie und Massenspektronometrie nachgewiesenen – aromatischen Molekülen. Die wiederum unterscheiden sich nach der Art der Fritten-Zubereitung. So riechen Backofenfrites anders als solche aus der Fritteuse. Nach einem Durchgang im siedenden Fett etwa ergibt sich ein olfaktorischer Mix aus Karamell,

Zwiebel und Bügelbrett. Wer jetzt vergessen hat, wie sein Bügelbrett duftet, freut sich auf den zweiten Frittiervorgang. Dann nämlich besteht das Duftensemble aus Teilgerüchen von bitterem Kakao über Karamell, Zwiebeln, Käse und Blumen bis hin zu – wenig überraschend – Kartoffeln.

Kurios? Immerhin mahnen uns die Forscher der Universität Leeds zum behutsamen Umgang mit den leckeren Kartoffelstäbchen. Studienleiter Graham Clayton nämlich zeigt sich davon überzeugt, dass »Pommes frites künftig wie Wein behandelt werden. Pommes-Fans könnten sich zu Kennern entwickeln, die ihre Freunde mit wortreichen Beschreibungen des Duftes ihrer Lieblings-Fritten beeindrucken können«.

Fleischige Lust mit Haken und Ösen

In der ernährungsphysiologischen Bilanz einer kompletten Currywurst-Mahlzeit mit Fritten trägt die Wurst selbst – bei aller Liebe – nicht wenig dazu bei, dass sich der Saldo Richtung Soll verschiebt. Dennoch gibt es keinen Grund, das fleischige Machwerk als solches des Teufels zu verschreien. Tatsächlich bricht etwa der Berliner Unternehmensberater und Lebensmitteltechnologe Jürgen Krüll eine Lanze für das gute Stück:

Die Currywurst wird – wie jede Wurst – nicht gerade aus Filetgulasch hergestellt. Aber es ist beispielsweise nicht einsehbar, warum sie ernährungsphysiologisch schlechter abschneiden sollte als die mit ihr verwandte Bratwurst, die als deftige Hausmannskost anerkannt ist und sich nicht gleichen Anfeindungen stellen muss.«

Und Martin Fuchs findet gleich mehrere Argumente, die für den Verzehr der Wurst sprechen. So stelle Wurst anerkanntermaßen eine der wesentlichen Eiweißquellen für die menschliche Ernährung dar und enthalte eine Reihe lebensnotwendiger Vitamine. Durch das in der Regel bei der Produktion verwendete Jodsalz werde die für den Menschen erforderliche Jodaufnahme erhöht. Grenzwerte, wie die zum Jahresbeginn 2009 von der EU-Kommission in Brüssel diskutierten, seien unnötig: »Es erschließt sich einfach nicht, warum Wurst nur halb so gesund sein soll wie etwa Käse«, so das verbitterte Fazit. Nun ist Fuchs Hauptgeschäftsführer des Deutschen Fleischer-Verbandes und als solcher sicher nicht ganz unvoreingenommen.

Fest steht aber auch, dass der Bratwurst durchaus Positives abzugewinnen ist. Da sind etwa Wirkstoffe wie die fettlöslichen Vitamine A und E sowie die wasserlöslichen Vitamine B1, B2, B6 sowie das Provitamin Folsäure. Noch wichtiger sind die enthaltenen Mineralstoffe. Sie sorgen dafür, dass der Stoffwechsel in Schwung bleibt. In der Wurst findet sich vor allem Eisen, das für den Sauerstofftransport im Körper bedeutend ist. Dänische Forscher haben festgestellt, dass Schulkinder nach einem Wurstbrot am Morgen geistig aktiver und fitter waren als die Kids einer Vergleichsgruppe. Und es muss ja kein Wurstbrot sein – eine »Curry« zum Frühstück tut es auch. Außerdem sind in der Wurst Magnesium und Kalium, die die Muskulatur versorgen, enthalten, hinzu kommen Kalzium, Phosphor und Zink.

So viel zu den positiven Seiten der Wurst. Wer, ohne sich Gedanken zu machen, auch künftig regelmäßig zu den leckeren Fleischrollen greifen möchte, der überblättert den Rest des Kapitels. Alle anderen sollten sich Gedanken über den Frischezustand ihrer Lieblingswurst machen. Denn besonders gut schmeckt natürlich ein roh erworbenes Produkt. Darin allerdings finden sich schon nach etwa 15 Minuten ohne Kühlung oder mehr als einem Tag im Kühlschrank jede Menge Bakterien. Die werden beim Garen längst nicht immer abgetötet; übles Bauchgrimmen ist möglicherweise die Folge. Sicherer sind Brühwürste, die wenigstens kurz vorgegart werden. Sie sind länger vor dem Vergammeln geschützt.

Auch das enthaltene Salz sorgt dafür, dass Würste besser konserviert sind. Das Problem: Salz sorgt vor allem bei Menschen mit ohnehin hohem Blutdruck für eine noch stärkere Belastung des Kreislaufs.

Zudem speichert das Salz Wasser im Körper, geschwollene Beine und Füße sind die Folge.

Außerdem steckt in den meisten Würsten Nitrit. Das geht beim Erhitzen Verbindungen mit dem fleischlichen Eiweiß ein, wobei Nitrosamine entstehen. Sie gelten als stark krebserregend. Aber schon in kalten Würsten – besonders bei gepökelten Stücken – findet sich der Stoff. Und das aus gutem Grund: Nitrit tötet die gefährlichen Botulismus-Bakterien ab, die sich in verdorbenem Fleisch bilden und die den menschlichen Organismus vergiften. Der Einsatz bei der Herstellung von Wurst ist daher von Amts wegen vorgeschrieben. Das klingt nach Teufel mit dem Beelzebub austreiben – und ist ein wenig auch so. Einen Ausweg weiß der Gesundheitsprofessor Hademar Bankhofer:

> Essen Sie zu jedem Stück Wurst am besten auch immer mehrere Tomaten, und zwar mindestens drei Stück. Das darin enthaltene Lycopin (natürlicher roter Farbstoff) verhindert, dass sich das Pökelsalz im Körper in krebserregende Stoffe umwandelt. Einen ähnlichen, aber nicht ganz so guten Effekt hat rote Paprika. Hier hält das enthaltene Vitamin C die krebserregenden Stoffe in Schach.«

In kleinen Dosen schleichen sich **verschiedene Zusatzstoffe**, Antioxidantien und Farbstoffe ins Essen. Ob E100, E250 oder E301 – in der Wurst finden sich alle möglichen Substanzen. Doch kritische Verbraucher können sich entspannen: Was in der Wurst steckt, ist in aller Regel **gesundheitlich unproblematisch**. Eine Übersicht über die Stoffe und ihre Europa-Nummern befindet sich zum Beispiel auf www.tabelle.info und auf **www.inform24.de/ zusatz/zusatz.html**. Übrigens: E100 steht für Kurkumin, E250 für Natriumnitrit und E301 für das Antioxidantium Natrium-L-Ascorbat.

Eine Warnung in Sachen rotes Fleisch haben kürzlich die Nationalen Gesundheitsforschungsinstitute der USA ausgegeben. Fleisch und Wurst von Schwein und Rind erhöhen demnach offenbar deutlich das Risiko, an Krebs oder einer Herz-Kreislauf-Krankheit zu sterben. Immerhin: Die Amerikaner greifen gern zu Steak und Co., 150 Gramm pro Tag verzehren die besonders Gefährdeten, also gut ein Kilogramm pro Woche. Der Welt-Krebsforschungsfonds rät dazu, den Genuss auf 300 Gramm pro Woche zu beschränken.

Zu den Ursachen schreiben die Wissenschaftler, beim Verarbeiten des Fleisches – beim Braten oder Grillen – entstünden krebserregende Stoffe. Nach Untersuchungen liegen die schädlichen Substanzen bei nur einem Stück Grillfleisch schon bis zu 600-mal höher als im Rauch einer Zigarette. Das liegt am Fett, das auf die glühenden Kohlen tropft und zu Benzpyren wird, wobei dieser Kohlenwasserstoff im menschlichen Körper die DNA verändern kann. Verkohlte Stellen sollte man daher unbedingt wegschneiden, möglichst nicht direkt über offener Glut grillen und dem Freiluftvergnügen nicht allzu häufig frönen. Frische Kräuter mindern zudem die fiesen Röststoffe.

Ein anderer Problembereich ist das Fett. Wurst und Fleisch gelten als Hauptquellen gesättigter Fette, die offenbar karzinom auf Darm und Brust wirken können. Zwischen 20 und 30 Prozent Fett enthält eine Bratwurst, wobei der Anteil in den grob gefüllten geringer ist. Selbst »fettarme Wurst« kommt noch auf zwölf bis 18 Prozent. Damit schlägt eine Portion Currywurst mit rund 50 Gramm Fett und etwa 500 Kilokalorien zu Buche – das ist deutlich mehr als die Hälfte des von der Deutschen Gesellschaft für Ernährung empfohlenen Tagesbedarfs von 60 bis 80 Gramm.

Damit nicht genug: Das in der Wurst oft besonders reichhaltige vorhandene Phosphat entzieht dem Körper Kalzium. Ein übermäßiger Verzehr von Wurst und Fleisch (aber auch von Limonaden oder Schmelzkäse) kann daher den Knochenbau angreifen, das Osteoporose-Risiko steigt.

Und dann sind da noch die Zusatzstoffe. Das Verzeichnis der »E« auf Verpackungen oder am Aushang des Metzgers wirkt zunächst nicht allzu Vertrauen erweckend. Farb- und Konservierungsstoffe werden dabei ohnehin nur selten benötigt. Eine Voraussetzung, damit solche Substanzen überhaupt in die Wurst gemischt werden dürfen, ist die in Langzeitstudien nachgewiesene gesundheitliche Unbedenklichkeit. Dennoch bleibt ein diffuses Unbehagen, wenn die Liste zu lang ist.

Tja, nun liegen die Risiken des Wurstgenusses offen. Ein paar tröstliche Worte: Diät-Experten raten, auch Gelüste von der kulinarischen roten Liste ruhig zuzulassen: »Würdigen Sie Currywurst mit Pommes, statt sie sich heimlich und schnell reinzupfeifen.« Und der Ernährungswissenschaftler Thomas Ellrott empfiehlt:

Dicke Backen: Currywurst zählt sicher nicht zu den gesündesten Lebensmitteln – aber den zumindest gelegentlichen Verzehr sollten sich Genießer nicht vermiesen lassen.

> *Die Currywurst mit Appetit essen und die ebenfalls fettreichen Pommes durch einen Salat, ein Gemüse oder eine fettarme Beilage ersetzen. Dann bleibt die Energiestoffbilanz einigermaßen im Lot.«*

Me°°

Tomaten sind Krebskiller – erst recht als Soße

22 Kilogramm Tomaten verzehren die Deutschen pro Kopf und Jahr. Und das ist nahezu uneingeschränkt gesund, denn mit der kleinen Warnung, man solle keine unreifen, grünen Tomaten essen, weil sie das giftige Alkaloid Solanin enthalten, sind die negativen Aspekte bereits abgehandelt. Und auch wenn die roten »Paradiesäpfel« zu rund 95 Prozent aus Wasser bestehen, der Rest der Strauchfrüchte sorgt dafür, dass die Currywurst gesünder wird. Denn 13 Vitamine, 17 Mineralstoffe, verschiedene sekundäre Pflanzeninhaltsstoffe sowie Fruchtsäuren sorgen dafür, dass Krebs und Herz-Kreislauf-Krankheiten weniger Chancen haben. Und so empfehlen Ernährungswissenschaftler denn auch, man solle 250 Gramm Tomaten täglich verzehren.

Kleiner Haken: Beim Kochen der Tomatensoße gehen bis zu 90 Prozent des Vitamin C verloren. Trotzdem, sagt etwa der Mediziner und Lebensmittel-Experte Venket Rao von der Universität Toronto: »Wer täglich Tomatenprodukte isst oder trinkt, tut seiner Gesundheit etwas Gutes.« Wichtigster Grund für den Ratschlag: In Tomaten ist jede Menge Lycopin enthalten. Dabei handelt es sich um ein Antioxidant, das gefährliche Stoffe im menschlichen Körper binden und unschädlich machen kann. Zum Beispiel gilt die Substanz als guter Sonnenschutz. Denn Lycopin sorgt dafür, dass die Hautzellen schneller regenerieren. Dabei verlangsamt es die Alterung der Haut, sorgt in den Unterhautschichten dafür, dass die Sonnenstrahlen nicht zu weit ins Gewebe eindringen und wirkt zudem nachhaltig gegen sogenannte Sauerstoffradikale, also zellschädigende Moleküle.

Je frischer und ausgereifter die Tomaten sind, desto mehr gesunde Stoffe enthält die Soße.

Tomo Jesenicnik

Der Wunderstoff Lycopin sorgt aber auch dafür, dass Herz und Kreislauf weniger belastet werden, weil der Stoff Ablagerungen an den Wänden der Blutgefäße verhindert. Der Onkologe Omer Kucuk aus Atlanta hat zudem die Wirkung von Lycopin bei Prostatakrebs untersucht. Betroffene Patienten entwickelten dabei eher kleine und begrenzte Tumore, sogar schrumpfende Geschwüre und eine abnehmende Bösartigkeit konstatierte der Wissenschaftler. Kein Wunder, dass Experten eine Tagesdosis von sechs Milligramm Lycopin empfehlen. Dies sollte kein Problem darstellen, denn schon in 100 Gramm Tomaten sind knapp zehn Milligramm enthalten.

Wer jetzt meint, beim Schälen, Entkernen und Erhitzen der roten Früchte ginge das Gros der gesunden Wirkung verloren, der liegt falsch. Vielmehr wird beim Kochen mehr Lycopin freigesetzt – und das je länger, desto mehr. Im Test an der Cornell University in Ithaca wurden Tomaten bei 88 Grad zwei, 15 und 30 Minuten lang erhitzt. Dabei nahm der Anteil des Schutzstoffes um 54, 171 und 164 Prozent zu. Grund: Das Lycopin wird durch die Hitze gewissermaßen aufgeschlossen und kann zudem besser vom Körper aufgenommen werden. Als Folge liegt der Lycopingehalt in der rohen Tomate bei 9,3 Milligramm je 100 Gramm, beim Tomatensaft sind es 10,8, beim Tomatenpüree 16,7, beim Ketchup schon 17,2 und bei der fertigen Soße 18,0 Milligramm. Spitzenreiter ist Tomatenmark, das es auf üppige 55,5 Milligramm bringt. Zusätzlich profitiert die Soße aus der Flasche noch davon, dass für die Herstellung meist im Ursprungsland ausgereifte Früchte verwendet werden.

Also gilt die Devise: Die selbst kreierte und eingekochte Soße zur Currywurst ist die optimale Variante. Nicht ganz so gesund – aber immer noch klar im grünen Bereich – ist fertiger Ketchup. Der allerdings leidet unter Gesundheitsaspekten darunter, dass bei der Produktion jede Menge Zucker zum Einsatz kommt. In einer 500-Milliliter-Flasche können sich schon mal bis zu 100 Gramm Zucker verteilen – das ist deutlich mehr als etwa in der als besonders süß verrufenen Coca-Cola. Damit ist der Ketchup dann zwar nicht besonders fett – der Anteil liegt meist im niedrigen einstelligen Prozentbereich –, dafür aber reich an Kohlehydraten. Je höher diese auf der Zutatenliste rangieren, desto höher ist auch der Zuckergehalt.

Wunderpulver Curry

Curry ist gut, gut, gut. Anders lassen sich die vielfältigen Wohltaten des pulvrigen Exoten kaum beschreiben. Doch zunächst ein Blick auf die Zusammensetzung. Rund fünf Gramm des Gewürzes decken den menschlichen Tagesbedarf an Vitaminen, Mineralstoffen, Spurenelementen, Energie und Nährstoffen zu folgenden Anteilen: Etwa 16 Kilokalorien, drei Prozent Vitamin A, drei Prozent Vitamin C, zwei Prozent Kalium, acht Prozent Eisen und 17 Prozent Mangan.

Die wichtigste Zutat beim Curry ist Kurkuma, Gelbwurz. Diese galt ursprünglich als Heilpflanze. Eine Hauptwirkung notiert die Medizinerin Ursula Sellerberg. So wirke die Pflanze auf die Galle, indem sie die Gallensekretion steigere und das Entleeren der Gallenblase fördere: »Arzneimittel, die die Gallenproduktion anregen, werden von Patienten geschätzt, weil sie das subjektive Wohlbefinden verbessern.«

Auch auf den Magen wirkt sich Kurkuma positiv aus. Die traditionelle Medizin setzt die Gelbwurzel bei Oberbauchbeschwerden und Durchfällen ein. Den Grund nennt die AOK in einem Ernährungsratgeber: »Eine der wichtigsten physiologischen Eigenschaften besonders von scharfen Gewürzen ist, dass sie die Magensaftausschüttung anregen. Die Würzmischung Curry ist dafür bekannt.« Hintergrund der wohltuenden Schärfe ist, dass die sauren Verdauungssäfte antibakteriell wirken und Magen-Darm-Infektionen vorbeugen, indem sie möglicherweise schädlichen Mikroorganismen frühzeitig den Garaus machen. Und Marion Kaden ergänzt auf »Natürlich online«, dass die ätherischen Öle des Gewürzes beruhigend und krampflösend auf die Muskulatur von Magen und Darm wirken – »Blähbauch oder Unwohlsein verschwinden«.

Zahnbürste vergessen? Dann ab zum Inder, denn Curry sorgt dafür, dass der Speichelfluss um das Sieben- bis Neunfache angeregt wird. Das reinigt Mund und Zähne von Nahrungsresten.

Die Weltgesundheitsorganisation WHO empfiehlt zudem, Rheuma mit Kurkuma zu bekämpfen. In Studien haben Forscher festgestellt, dass das gelbe Pulver entzündungshemmend wirkt. Mit Kurkuma behandelte Patienten litten weniger häufig unter Gelenkschwellungen, konnten besser gehen, waren nach dem Aufstehen am Morgen beweglicher. Dabei waren selbst bei hohen Dosierungen keine Nebenwirkungen feststellbar. Kein Wunder: Immerhin wird Gelbwurz bereits in Indien seit mehreren Jahrtausenden als Gewürz und als Medikament verwendet.

Immer mehr Wissenschaftler untersuchen zudem, wie Kurkuma sich auf Krebszellen auswirkt. In Saudi-Arabien wurden Kurkuma-

Bestandteile erfolgreich gegen Leukämiezellen eingesetzt. Und in den USA untersuchen Mediziner, wie die natürlichen Wirkstoffe gegen Hauttumorzellen eingesetzt werden können. Täglich einen Teelöffel Kurkuma in Suppen oder Soßen sollten Menschen essen, meinen denn auch die Buchautoren Richard Béliveau und Denis Gingras (»Krebszellen mögen keine Himbeeren«). Damit könne Dickdarmkrebs, aber auch Brustkrebs und Eierstocktumoren vorgebeugt werden. Sogar beim als besonders aggressiv geltenden Bauchspeicheldrüsenkrebs ergänzt Kurkuma zumindest die traditionellen Heilmittel sowie mögliche Chemotherapien.

»Gute Nachrichten für Currywurst-Fans«, »Clever durch Curry« – für solche Schlagzeilen war 2006 Tze-Pin Ng von der Universität in Singapur verantwortlich. Er hatte nämlich festgestellt: Kurkuma verhindert, dass sich Eiweißklumpen im Gehirn bilden. Solche Plaques verursachen langfristig Alzheimer und ähnliche Krankheiten. Und das Gute, so Ng: »Bereits ein Currygericht in einem Zeitabstand von einem halben Jahr bewirkte solche positiven Veränderungen.« Fans der Currywurst können Snack-Gegner also künftig locker auskontern, indem sie darauf verweisen, dass sie sich nur schlau essen gehen.

Zwar werden Curryblätter nicht für das industriell gefertigte Pulver in europäischen Supermärkten benutzt. Aber auch der Verzehr

dieses typischen asiatischen Gewürzes hat ausgesprochen heilende Folgen. Offenbar bremsen Substanzen in diesen Blättern die Abgabe von Glukose in den Blutkreislauf. Damit könnten Diabetiker es vermeiden, allzu häufig Insulin spritzen zu müssen.

Und dann ist da noch die Mukoviszidose, eine verheerende Erbkrankheit. Dabei verdicken sich körpereigene Sekrete, die dadurch nicht abfließen können und zu Entzündungen führen. Es kommt zu Gewebswucherungen. Forscher der Yale-Universität haben in Tierversuchen allerdings viele Symptome dieser Stoffwechselkrankheit einfach verschwinden lassen – mit Kurkuma-Wirkstoffen.

Aber es muss ja nicht immer nur die heilende Wirkung des Curry sein, die den Genießer froh stimmt. An kühlen Herbsttagen etwa spielt Curry seine »thermische Wirkung« voll aus. Schon der Duft sorgt trotz kalter Füße für steigendes Wohlbehagen, beim Verzehr breitet sich eine Wärmewirkung vom Magen in alle Körperteile aus – und das liegt nicht nur an der Schärfe.

Und es gibt noch einen Grund, der unseren Körper immer dann in Spannung versetzt, wenn Curry-Schwaden durch die Luft wabern. Der Grund lässt sich erahnen, wenn man auf die immer ausgefilterteren Aushänge an den Imbissbuden schaut, bei denen eines im Mittelpunkt steht: die Schärfe. Nur was auf der Mundschleimhaut teuflisch brennt, wird als hochwertig empfunden. Warum – das weiß Michael Deeg vom Berufsverband der Hals-Nasen-Ohrenärzte:

>> *Schärfe im Essen wirkt ein wenig wie eine Droge! Viele Menschen sind wild auf scharfes Essen, weil es schlicht glücklich macht. Durch die Schärfe, die eine Schmerzreaktion verursacht, werden im Körper Endorphine, auch bekannt als Glückshormone, ausgeschüttet. Man fühlt sich nach dem Genuss dösig und entspannt.«*

Currywurst und hehre Kunst – keine Zweckehe

Als die Currywurst erfunden wurde, da hatte die deutsche Kultur längst einen radikalen Wandel erfahren. Vor allem hatte der Zweite Weltkrieg viele künstlerische Ambitionen zunichtegemacht. Selbst die Arbeiterliteratur, zu der die Currywurst als »Gericht des Volkes« besonders gut gepasst hätte, gab es in ihrer eigentlichen Form nicht mehr. Vielleicht hätte die plebejische Speise zu anderen Zeiten eine höhere Wertschätzung erfahren. Auf den Grafiken von Heinrich Zille zum Beispiel kann man sie sich gut vorstellen. »Mutta, lass ma uff 'ne Wurscht jehn!« Die Aufforderung der Kinder, die am Schürzenzipfel ihrer Mutter zupfen, kann man förmlich vor sich sehen. Oder – zynisch verfremdet – »Die Currywurstesser« von George Grosz. Und an Fotografen wie dem berühmten Henri Cartier-Bresson ging die Currywurst – vollkommen unterschätzt – aus verschiedenen Gründen vorbei.

So bleibt es denn für die »Curry« bei einem Platz ganz weit hinten in der Arena der hehren Künste – keine Oden, keine Sonette, keine Romane, keine Ölgemälde, keine Skulptur, keine Sinfonie, nicht einmal ein kleines Klavierstück. Und doch hat das scharfe Stück seinen Widerhall gefunden, nicht in der ersten, aber doch in der zweiten Liga, ab und zu allerdings auch nur in der Kreisklasse. Man muss die »Curry« halt suchen, wie eine Imbissbude, wenn einen der Hunger packt.

Unvermutet stolpert der unbedarfte Currywurst-Freund dann über sogenannte Festivals. Wer nun meint, er könne mit Gleichgesinnten über das Geheimnis der besten Soße fachsimpeln oder diskutieren, ob Herta Heuwer oder Lena Brücker den Snack der Herzen kreiert hat, der liegt falsch. Es geht ums reine Essen – und das nicht selten so scharf wie irgend möglich. Da wird – wie in Wanne-Eickel – schon mal die »1. offizielle Scoville-Challenge« ausgerufen. Gewinner ist der Teilnehmer, der die schärfste Currywurst verdrücken kann.

Imbissbetreiber Gerd Herzog kam auf die Idee für den Wettbewerb, weil etwa jeder fünfte Besucher nach einer besonders scharfen Variante gefragt habe.

In Neuwied trommelte Erik Lanser mit dem Spruch: »Achtung ab 18 Jahre: ein halber Meter Hot-Chili-Currywurst extra scharf.« Und damit war er nur einer von 16 mobilen Buden, die zum ersten Currywurst-Festival der Stadt und wahrscheinlich des Bundeslandes Rheinland-Pfalz gekommen waren. Clou der Veranstaltung: eine Currywurst-Rallye. Die entpuppte sich als clevere Verkaufsmaßnahme. Nur wer vier Buden abklapperte und als Beleg für je eine verzehrte Wurst vier Stempel vorweisen konnte, nahm an der Verlosung eines Essens für zehn Personen teil. Zu gewinnen gab es – klar – Currywurst und Pommes frites.

Noch weitaus wunderlichere Blüten treibt die Suche nach dem ultimativen Esskick in Frankfurt. Der »SnackPoint« im Westend bittet dort gelegentlich zum »Chili Contest«. Wer mitmachen will, muss zuvor einen Haftungsausschluss unterschreiben, ab Schärfegrad D ist Volljährigkeit Pflicht. »Wir machen hier Bungee-Jumping für den Gaumen«, brüstet sich der Betreiber. Und längst nicht jeder tritt dann auch an zur »Mutprobe für den Mund«.

Das ist auch gut so, denn bei einem ähnlichen Event in Hamburg musste ein Mutiger – nach dem Genuss der fünften Wurst mit Soße »Final Answer« – von Rettungssanitätern behandelt werden. Der Kreislauf des Mannes hatte schlappgemacht, nachdem der scharfe Stoff zunächst akute Atemnot verursacht hatte. Dem sichtbar blassen Scoville-Opfer musste mit Sauerstoff geholfen werden. Allerdings setzte sich nach kurzer Zeit die Sucht gegenüber anderen Befindlichkeiten durch, und der Patient stärkte sich mit einer sechsten Currywurst.

Doch auch in die Glotze schafft es die Currywurst immer wieder. Eines der jüngeren Experimente in dieser Richtung reizte die »Welt« zu der bissigen Überschrift »Wie die Currywurst das Fernsehen retten soll«. Der Sender Kabel eins hatte für »Abenteuer Alltag – Imbiss live« acht Kameras und mehr als 20 Mikrofone in einer Magdeburger

Currywurst und Anarchie

Eine umstrittene Kunstform, die zu intensiven Diskussionen geführt hat, ist die Street- oder Guerilla-Art. Mit Bezug zur Currywurst hat sie im Sommer 2007 die Gemüter der Tübinger Bürger erhitzt, als im Stadtbild zahlreiche Graffiti auftauchten, die scheinbar sinnfreie Botschaften vermittelten. »**Currywurst macht überglücklich**«, hieß es da etwa, oder »Pinguin iss Currywurst«. Tatsächlich fand sich »Alle Naslang Currywurst« – an zahlreichen Mauern der Stadt. Wirklich Kunst oder eher Schmiererei? In einem Internet-Forum schrieb ein Beobachter vor Ort: »Meiner Meinung nach hat die Tübinger Currywurst eine künstlerische Komponente. Sie erweckt Emotionen im Betrachter, sie rüttelt auf, sie verstört, läßt Menschen nachdenken und sich wundern.« Eine politische Deutung, wie sie gelegentlich ins Spiel gebracht wurde, dürfte die Schriftzüge überbewerten. Wahrscheinlicher

ist es, dass zwei Sprayer ihre Duelle quasi öffentlich austrugen. »Falafel – Feind aller Currywurst«, lautete etwa eine Inschrift.

Humor jedenfalls hatte der Künstler ganz offensichtlich. Denn seine Graffiti brachte er mit Bezug zu den jeweiligen Orten an. So lautete der Spruch an mehreren Kneipen: »**Zu Rotwein: Currywurst.**«

Bude versteckt und übertrug vier Wochen lang rund um die Uhr ins Internet und – immerhin – zehn Tage lang täglich auch eine halbe Stunde lang auf die Mattscheibe. Die Idee dahinter war durchaus bestechend: »Angeregte tagesaktuelle Gespräche mit den Kunden am Tresen, Arbeitseifer in der Küche und betriebsame Hektik in der Mittagszeit«, versprachen die Verantwortlichen. Und die Grundannahme, dass sich auf gedrängtem Raum die Lebensläufe ganz verschiedener Menschen kreuzen würden, war sicher ebenfalls richtig. Dass allerdings die Gäste angesichts der multimedialen Aufzeichnungsgeräte weitgehend verstummen oder sich in Trivialitäten flüchten würden, hatte das Konzept nicht vorgesehen. Langeweile regierte, die Currywurst rückte – wenn auch eher ungewollt – in den Mittelpunkt des Geschehens. Das Experiment, quasi ein »Dittsche« mit Laiendarstellern und ganz natürlich zu realisieren, ging nicht auf. »Das wirklich wahre Leben« mit Olli Dittrich ist trotz grober Ablaufplanung echter.

Kaum aufregender als »Imbiss live« war die Reihe »So isst Deutschland« mit Moderator Christian Mürau (Kabel eins). Ausgerechnet in Frankfurt probierte der rundreisende Kulinarik-Tester die »schärfste Currywurst der Welt«. Und dies wurde angekündigt als »im wahrsten Sinne abenteuerlich«. Immerhin: Von sechs Schärfestufen schaffte der Reporter vier.

Und dann sind da noch die unermüdlich Engagierten, die die Currywurst für ihre Zwecke ausbeuten. »Abenteuer Leben« (tatsächlich: ebenfalls bei Kabel eins, dem Currywurst-Sender) berichtete etwa über die größte Currywurst der Welt, mit der sich der Gelsenkirchener Metzger Dirk Sternfeld »einen Traum erfüllt hat«. Denn der Wurst-Profi produzierte mit Hilfe der Schalker Eisenhütte, die fürs Grillen zuständig war, ein gigantisches Exemplar: drei Meter lang, knapp einen Meter Durchmesser, 1,3 Tonnen schwer. Gleich zwei Kräne hievten den gestopften Kunstdarm auf einen Tieflader. Für den Transport wurden mehrere Straßen gesperrt. Und dann der wichtigste Moment: Ein Notar vermaß das Teil und erteilte schließlich grünes Licht für die Aufnahme ins Guinness-Buch der Rekorde – auch ein

Stück Ewigkeit, wenn man Andy Warhols berühmte 15 Minuten im Rampenlicht als Maßstab anlegt. Diese Viertelstunde endete mit dem Zerteilen der Wurst. Danach wurden die Kameras abgeschaltet.

Die Suche nach Currywurst in der Alltagskultur brachte übrigens auch ein wirklich skurriles Ergebnis: So staubte ein Paar aus Norddeutschland beim Fasching den zweiten Preis für einen ausgefallenen, wenn auch laut »Hamburger Abendblatt« recht »erklärungsbedürftigen Partnerlook« ab. Keine Frage, die beiden kamen als »Currywurst und Pommes«.

Liedgut und Currywurst

Wie hätte wohl Franz Schubert die Currywurst vertont? Der Komponist saß bekanntlich gern im Wirtshaus und versprach – konnte er seine Rechnung nicht zahlen – dem Wirt stattdessen ein Lied, das er oft gleich am Wirtshaustisch komponierte. Sicher: Im Stehen an der Imbisstheke wäre das so einfach nicht gewesen, aber eine romantische Melodie zur Eleganz der scharf gebratenen Fleischspeise und zur weichen Röte der sämigen Soße … Doch das ist akademisch. Die sicher berühmteste Hommage an die Currywurst hat Herbert Grönemeyer herrlich schnoddrig 1985 auf dem Album »Total egal« gesungen. Und um den ewigen Gerüchten zu widersprechen: Das Stück ist nicht von Udo Lindenberg – und auch nicht von Herbert Grönemeyer. Der hat diese, ihm förmlich auf den Leib geschriebene, Ruhrpott-Hymne »nur« gesungen. Die Musik stammt von Jürgen Triebel, der Text von Horst-Herbert Krause und vom unvergessenen

Herbert Grönemeyers Interpretation des »Currywurst«-Klassikers von Diether Krebs gehört zum Besten, was den Deutschen zu ihrer Lieblingsspeise eingefallen ist. Vorbild der besungenen Speise soll übrigens der Bochumer Imbiss der Fleischerei Dönninghaus gewesen sein. Das Geschäft existiert heute noch.

Oliver Mark/EMI Music

Diether Krebs, der sich dann später selbst – mit deutlich weniger Erfolg als Grönemeyer – auch an einer »Currywurst«-Version versuchte.

Und hier der Text von »Currywurst«:

»Gehse inne Stadt,
Wat macht dich da satt?
Ne Currywurst!
Kommse vonne Schicht,
Wat schönret gibt et nich
Als wie Currywurst.
Mit Pommes dabei,
Ach, dann gebense gleich zweimal Currywurst.

Bisse richtig down,
Brauchse wat zu kaun,
Ne Currywurst.
Willi, komm geh mit,
Ich krieg Appetit
Auf Currywurst.

Ich brauch wat in Bauch,
Für mein Schwager hier auch
noch ne Currywurst.

Willi, is dat schön,
Wie wir zwei hier stehn
Mit Currywurst.

Willi, wat is mit dir?
Trinkse noch 'n Bier?
Zur Currywurst.
Ker, scharf is die Wurst.
Mensch dat gibt'n Durst,
die Currywurst.

Bisse dann richtig blau,
Wird dir ganz schön flau
Von Currywurst.
Rutscht dat Ding dir aus,
Gehse dann nach Haus
Voll Currywurst.

Aufm Hemd auffer Jacke,
Ker, wat ist dat 'ne K…!
Alles voll Currywurst.

Komm, Willi,
Bitte, bitte, komm geh mit nach Hause.
Hörma: Ich kriegse, wenn ich so nach Hause komm.
Willi, Willi, bitte, du bis'n Kerl nach mein Geschmack.
Willi, Willi komm geh mit, bitte Willi.«

Tja, viele Jahre später hat die Punkrock-Band »Tante Inge« das Thema in »Currywurst zum Frühstück« einmal aufgegriffen, ist aber an der deutlich unverblümteren Beschreibung des Sich-Erleichterns und an der nie mehr erreichten Ästhetik des Ruhrpottklassikers gescheitert.

Ohnehin sind die meisten musikalischen Beschreibungen der Currywurst und ihres unvergleichlichen Geschmacks häufig nicht mehr als Stimmungslieder – um es mal positiv zu beschreiben. Derber ausgedrückt befinden sich die Songs eher auf Ballermann-Niveau. Das ist nicht verkehrt, wird aber der Natur der Sache längst nicht immer gerecht, obwohl sich etwa »MMT featuring Joe« auf der Platte »Wenn der Willi mit der Mia« redlich um das Image der Currywurst bemüht:

> *Ich halte nichts von Filet*
> *und Braten oder so,*
> *schon gar nichts von Salaten*
> *und Lendchen in Bordeaux.*
> *Ich hasse das Gemüse,*
> *Karotten oder Lauch,*
> *noch mehr Petersilie.*
> *Ich will in meinem Bauch*
> *Currywurst und Pommes,*
> *Pommes und Currywurst,*
> *mit Majo oder Ketchup*
> *und ein' übern Durst.*
>
> *Ich halte nix von Suppen,*
> *schon gar nichts von Bouillon.*
> *Vor gehackten Kräutern,*
> *da laufe ich davon.*
> *Ich hasse alles Grüne,*
> *Wirsing und Spinat.*
> *Noch mehr hass' ich Rettich,*
> *denn ich mag nur satt.*
> *Currywurst und Pommes …*
>
> *Ich halte nichts von Keulen*
> *und Ente oder Lamm,*

schon gar nichts von Exoten,
brauch ich dann und wann.
Ich hasse kleine Erbsen,
Schoten und auch Dill,
noch mehr Auberginen.
Das Einz'ge was ich will:
Currywurst und Pommes …«

Da wird geschunkelt und geleiert, was das Zeug hält. Und damit bedienen die Künstler auch das Klischee, das auf den klassischen Currywurst-Esser gemünzt ist: ein kulinarischer Dilettant, der alles verschmäht, was gesund ist.

In die gleiche Kerbe schlägt Ralf Stobbe auf seiner Single »Auberginen«, wenn er den »Currywurst-Song« singt:

Die Zeiten sind krumm und der Geist ist satt.
Paules Taschen sind leer, und wer doch was hat,
der hält es nicht fest, wie für's Jüngste Gericht,
der gibt es gern hin, weil da 'ne Stimme spricht:
Mach uns 'ne Currywurst, die extra scharf!
Und wird das Leben auch irgendwann hart,
egal was kommt, wir beißen hinein,
und wenn wir Glück hab'n, haben wir Schwein.
Ein Weib schaut dich an, und du schaust zurück,
das Würstchen in dir, ahnt das große Glück.
Zieh den Bauch nicht ein, sag den richtigen Satz.
Bring sie heut zum Träumen, und dann sagt sie dir: Schatz,
Mach uns 'ne Currywurst …«

Immerhin: Bei aller sprachlichen Ungelenkigkeit hat das schon wieder etwas fast Poetisches – aber eben nur fast.

Karl-Heinz »Kalle« Pohl, der Comedian, hat in seinem früheren Beruf als Polizist sicher so manches Mal an einer Imbissbude

gestanden und sich mit einer heißen und scharfen Wurst aufgewärmt. Schon eines seiner ersten Kabarett-Programme nämlich
widmete der frühere Hauptwachtmeister 1989 der Aufgabe »Rettet
die Currywurst!«. Auch ein Lied mit diesem Titel trug er dabei
vor:

>> *Ich heiß' nicht Krösus,*
und ich heiß' auch nicht Bocus.
Mein Appetit ist ganz normal.
Ne Frikadelle, nur mit Ketchup und Gemüse,
das wär an sich genau mein Fall.
Bloß wenn ich reinbeiß' in den Mac,
dann quillt der ganze schöne Matsch
mit einem Flatsch so aus dem Inneren hervor.
Und an der Hose hängt der Käse,
an der Nase Mayonnaise
und das Salatblatt und der Zwiebelring am Ohr.
Da kann ich nur sagen:
Rettet die Currywurst!
Rette die, rettet die, rettet die Currywurst!

Is klar: So'n Mac hat Kalorien noch und noch.
Da stärkt allein schon der Geruch.
So eine Semmel spendet Kraft die ganze Woche,
und trotzdem kriegt man nie genug.
Bloß wenn ich ran will an den Mac,
ist der Pappendeckel weg.
Dann sitz' ich da, wie auf der Abfalldeponie.
Mit Wegwerf-Schachtel, Wegwerf-Set und Wegwerf-Becher am
*   Tablett*
und die Papierservietten, die stehn mir bis zum Knie.
Da kann ich nur sagen:
Rettet die Currywurst …

Ich sach mal so:
Meine kulinarische Heimat ist Wolfgangs Gourmet-Snack,
denn der hieß ja früher Imbiss.
Der hat eine …
Ich sach immer: Wolfgang, Deine Wurst!
Die ist die … Die hat die gan …
Wolfgang, wenn du mit deiner Wurst …
Aber jetzt, äh, wettkampfmäßig.
Ich sach nur: Wolfgang, Goldmedaille, drei Sterne!
Gut – wenn rauskommt, was da reinkommt,
kommst du da rein, wo du nicht mehr rauskommst.
Aber ich garantiere dir:
Wenn dich irgendeine Matschsemmel-Kette hier raus …,
dann stehen wir alle hinter dir wie ein Mann.
Rettet die Currywurst …
Currywurst, du darfst nicht sterben!«

Wahres Lokalkolorit ist da schöner – zumal in Berlin. Da hat der Komponist und Dichter (»B.Z.«) Jörg Schulze extra für die Einweihung der Herta-Heuwer-Gedenktafel ein Ständchen geschrieben, das Lied »Du gute alte Currywurst«:

Du bist so schlank und auch mal dick,
wirst oft zerteilt aus einem Stück.
Du bist das Highlight aller Trends
und machst dem Döner Konkurrenz.
Wirst verzehrt auf vielen Straßen,
mit Begierde sondermaßen.
Du gute alte Currywurst.
Du gehörst zu Berlin
wie Funkturm, Ku'damm und die Spree.
Dein Geschmack ist schon okay.
Am »Stutti« fing es damals an,
wo Herta Heuwers Imbiss stand.

Ihr Name ist schon lang Legend',
die Currywurst ihr Patent.
Und deshalb muss man ihr gedenken
und dieser Frau ein Denkmal schenken.«

Schon vorab schlug die Begeisterung in der Metropole hohe Wogen, sodass die größte Zeitung der Hauptstadt das Lied mit dem Hinweis abdruckte, man solle den Text ausschneiden und zu der Veranstaltung mitbringen, um mitsingen zu können. Ob es danach tatsächlich eine CD gegeben hat, wie angekündigt worden war? In den einschlägigen Online-Shops jedenfalls findet sich nichts.

Sogar bis in die Reihen der Hip-Hopper hat es die »Curry« geschafft. So widmete der Sänger mit dem kryptischen Namen »Mik JZA« der Wurst gar ein ganzes Liebeslied:

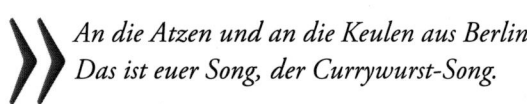

An die Atzen und an die Keulen aus Berlin:
Das ist euer Song, der Currywurst-Song.

Currywurst, täglich um 4, oh Currywurst.
Currywurst, ich will ein Kind von dir, oh Currywurst.
Currywurst, steh' hinter dir, oh Currywurst.
Weißt du noch, Baby, unser allererstes Treffen?
Du aufm Pappteller, und ich wollt' dich gerade essen,
du warst braun gebrannt und deine Haut die glänzte,
geschnitten mit Pommes, in Ketchup getränkte
geile Wurst lagst du da, geschminkt mit Paprika, Curry.
Carpaccio im Darm – oh, ick liebe dich, Honey.
Rot-Weiß steht dir blendend, du geiles Stück etwas.
Ich will'n Kind von dir. Cholesterinwerte werden sesshaft.
Soll'n se doch schimpfen, du seist fett und ungesund.«

Gleich zwei Stücke haben die bekannteste, bestehende Currywurst-Braterei Berlins zum Thema: Konnopke. Zum 70-Jahre-

Jubiläum dichtete ein anonymer Verehrer folgende Zeilen, die noch heute auf der Konnopke-Homepage zu finden sind:

> *Seit nunmehr 70 Jahren*
> *geht's bei Konnopke rund.*
> *So lange stecken schon Leute*
> *sich Wurst hier in den Mund.*
> *Die Currywurst ist Champion,*
> *sie ist ganz doll beliebt,*
> *weil sie's hier wie sonst nirgends*
> *mit Spezial-Ketchup gibt.*
>
> *Frau Waltraud und die Kinder,*
> *die kennen das Rezept.*
> *Das hätt so gern schon mancher*
> *nach Hause abgeschleppt.*
> *Doch bleibt es ein Geheimnis,*
> *wo wär denn sonst der Clou?*
> *Drum lasst jetzt die Ziervogels*
> *mit der Fragerei in Ruh!*
>
> *Wie sich die Mode ändert*
> *so tut's auch der Geschmack.*
> *So waren Ziervogels*
> *unheimlich auf Zack:*
> *Nun fragen sie: Geschnitten*
> *die Wurst oder doch ganz?*
> *Das ist jetzt alle Tage*
> *immer derselbe Tanz.*
>
> *Man sagt, die neue Mode*
> *die brachten Wessis mit.*
> *Die wollen die Wurststücke*
> *sogar noch mit Pommfritt.*

Der echte Prenzelberger
– weil ihm das ist zu fein –
kauft seine Wurst mit Schrippe
und beißt dann herzhaft rein.

Wir wünschen für die Zukunft
stets gleiche Qualität.
Und, dass es den ›Konnopke's‹
auch weiterhin gut geht.
Sie sind von der Berliner
Heimat ein echtes Stück.
Drum ›Curry Heil!‹, Ihr Guten!
Gesundheit und viel Glück!«

Erkannt? Die etwas holprigen Reime sollen zur Melodie von »Bolle reiste jüngst zu Pfingsten …« gesungen werden.

Noch vor der Wende hatte die DDR-Band »Silly« auf ihrem zweiten Album »Mont Klamott« im Song »Heiße Würstchen« ebenfalls Konnopke verewigt. Dabei ging es allerdings weniger um die Currywurst als vielmehr ums Anstehen – und um eine klassische Zweierkiste:

Oh mein Gott, bei Konnopke stehn tausend Mann,
doch ich hab so'n Kohldampf und stelle mich an.
Stück für Stück schieb ich mich an die Luke heran.
Eine Curry, Brot und 'n Grog sag ich an.

Jeder Mensch braucht was Warmes,
denk' ich bei mir
und verbrenn mir die Finger.
So was Warmes im Bauch hebt meine Laune total.
Und ich ruf meinen Ulf an: Heut kannst du mich mal.
Und der Ulf kommt rein, stellt die Schuhe in'n Flur
und dann ulft er los, gegen mich und die Uhr.

Jeder Mensch braucht was Warmes,
denk' ich bei mir
und verbrenn mir die Finger –
das ist fatal.

Nächsten Früh wach ich auf und hab Laune wie 'ne Sau.
Neben mir der Ulf träumt, ich wär seine Frau.
Und ich denk an den Kohldampf, mit dem es begann,
und ich hab's satt und stell mich doch wieder an.

Jeder Mensch braucht was Warmes,
denk' ich bei mir
und verbrenn mir die Finger.
Das ist egal.«

Und so findet dieser Parforce-Ritt durch deutsches Currywurst-Liedgut mit einem intelligenten Text – gesungen von der wunderbaren, viel zu früh verstorbenen Tamara Danz – ein gutes Ende.

Literarische Entdeckungen

Wie bekommt man Schüler dazu, ein Gedicht zu schreiben? Man gibt ihnen eine erste Zeile vor, lässt sie zwei Minuten nachdenken und dann loslegen. Das war zumindest die Aufgabenstellung bei der Vorauswahl zur bundesweiten »Deutsch-Olympiade« der neunten Klassen. Natürlich musste die zweite Zeile sich nicht auf »Currywurst« reimen, sonst hätten die Ergebnisse sicher überwiegend auf »großen Durst« gelautet. Stattdessen ging es um den inhaltlich bedenklichen, in Sachen Endreim allerdings leichter zu bewältigenden Versteil »Die Currywurst war kalt und grau«.

Doch auch die bereits vorgestellte »Entdeckung der Currywurst« von Uwe Timm hat an Oberschulen längst ihren festen Platz. Kein Wunder, dass es die Erzählung auch als »Lehrerheft mit Schülerheft«

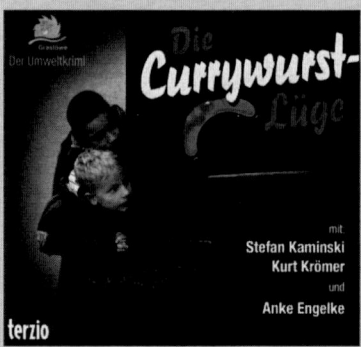

mit
Stefan Kaminski
Kurt Krömer
und
Anke Engelke

terzio

Tomo Jesenicnik

Wer so gar keine Ahnung hat, wie es an einer echten Currywurst-Bude zugeht, der findet im **Kinder-Hörspiel »Die Currywurst-Lüge«** Antworten. Der begnadete **Comedian Kurt Krömer** spricht in dem von der Deutschen Bundesstiftung Umwelt geförderten Krimi den Wurstbudenbesitzer Werner mit Berliner Kodderschnauze. Auch mit dabei: **Anke Engelke als Professorin Schunckel.** Die hat die »Mundbombe« erfunden, die die Menschen nach dem Lebensmittel süchtig macht, dem es als Zusatzstoff beigemischt wird – eben der Currywurst. Die plietschen Kinder Selma und Flo müssen der Professorin helfen, das Gegenmittel zu finden. Natürlich geht alles gut aus und künftig bringt Werner nur noch Würste aus biologischer Tierhaltung auf den Tisch. Anke Engelke sieht das durchaus pragmatisch. Sie kaufe meist im Bio-Supermarkt ein, denn die Nahrungsmittelindustrie neige dazu, schädliche Zusatzstoffe in ihren Produkten zu verarbeiten, sagte die Schauspielerin bei der Vorstellung der CD. Aber wenn man vor allem zu gesunden Lebensmitteln greife, »ist das schlechte Gewissen vertretbar, wenn man mal eine unglückliche und zusatzstoffreiche Currywurst isst«.

gibt, alternativ sei Pädagogen der Griff zu den broschierten »Unterrichtsmodellen mit Kopiervorlagen« geraten – natürlich ebenfalls mit Blick auf das Timmsche Original. Und eine andere Arbeit ist gar mit »Uwe Timms ›Die Entdeckung der Currywurst‹ – Sachanalyse und didaktische Reflexion« betitelt. Darin denkt die Autorin nach eigenem Bekenntnis »über die Möglichkeiten dieser Lektüre und deren Umsetzung im Literaturunterricht« nach.

Viel besser dürfte vor allem jungen Lesern diese Geschichte in der Version der ausgezeichneten Comic-Zeichnerin Isabel Kreitz schmecken. Die hat die Geschichte nämlich in eine ganz eigene und moderne Form gebracht. Auf 48 Seiten gibt die Gestalterin eine zwar gekürzte Variante des Originals wieder, nichtsdestotrotz hat sie ihre ganz persönlichen Bilder entwickelt: »Ich halte nicht viel davon, nur die Vorlage zu verwursten. Ich habe schon bei verfilmter Literatur gedacht, dass es schade ist, wenn die Bilder, die man sich beim Lesen macht, schon vorweg interpretiert werden. Und das wird bei Comics genauso gehen.« Nicht zuletzt deshalb bleibt es in den kleinen Zeichnungen bei schwarzer Tusche, die der Fantasie des Betrachters mehr Freiheiten lässt.

Nicht ganz leichte Kost sind die Zeilen über die Currywurst, die der Maler und Dichter Matthias Koeppel für Gerd Rüdigers Buch »Currywurst« verfasst hat. Dazu muss man wissen, dass Koeppel 1972 die Kunstsprache Starckdeutsch erfunden hat. Die ist ein künstlerisches Spiel mit der Sprache und beinhaltet Elemente des Mittelhoch- und Niederdeutschen, aber auch ganz neue Regeln:

>> *Di Caurryworrschdt*
Mütt pvill Caurry tschmackkt
di Caurryworrschdt
wörcklüch gautt,
dänn si maucht Dorrschtt
uff ne Mullen Schollttheußßbür,
auchch uff zwui büßß drui
büßß vüür.«

Wie viel schlichter sind da die Zeilen, die der bis dato wenig in Erscheinung getretene Britzer Wolfgang Fritz dem geneigten Publikum bei der Einweihung der Herta-Heuwer-Gedenktafel zu Gehör brachte: »Seit 35 Jahren erzähl ick meinem Magen: Am besten in mich rin passt 'ne Curry aus Berlin!«

Enttäuschend dagegen verläuft die Jagd nach Currywurst-Spuren in den Büchern mit den vielversprechenden Titeln »Internet + Currywurst« sowie »SMS + Currywurst« von Joachim Friedrich. Zu viel mehr als zum Stichwortgeber taugt der Snack dort nicht. Immerhin findet sich im ersten Jugendroman die folgende appetitliche Szene:

> *Ich stürzte mich ins Paradies. Um es gleich perfekt zu machen,*
> *bestellte ich eine doppelte Currywurst mit einer doppelten Pom-*
> *mes und doppelt Mayonnaise. In diesem Augenblick war die*
> *missmutige Verkäuferin eine Meisterköchin, die mir ein Fünf-*
> *Sterne-Menü bereitete. Meine Begeisterung schien ansteckend*
> *zu sein. Ein Mann, der mich vorgelassen hatte, weil er noch*
> *unschlüssig war, bestellte für sich das Gleiche noch einmal.«*

Allerdings erinnert sich der Protagonist beim ersten Bissen an die eben begonnene Diät – und verschenkt den Rest der Traummahlzeit an einen bettelnden Hund.

Überhaupt soll ein Cover mit »Currywurst« im Titel offenbar gerade junges Publikum besonders ansprechen. Denn auch »Geigenklau und Currywurst« aus der Reihe »Ein Fall für 3« von Andrea Jähnel ist kulinarisch eine Enttäuschung. Denn in »Alibabas Restaurant« gibt es in erster Linie Döner und nur ausnahmsweise auch mal eine Currywurst.

Ganz anders geht es bei Michael Lorenz zu, der sich in seinem Buch »Ente mit Eckschnitt« an seine Kindheit im Südwesten Berlins erinnert, darunter an besonders prägende Erlebnisse im Bezirk Steglitz:

> *Mindestens ein Mal in der Woche liefen wir zum Markt, um*
> *dort bei ›Krasselt‹ eine der so beliebten Currywürste zu essen.*
> *Am 1. Dezember 1959 hatte Krasselt damit begonnen, aus*
> *einem kleinen, einachsigen Wohnwagen heraus seine Wurst un-*
> *ter die Leute zu bringen. Bis dahin kannte ich nur Bockwurst*
> *mit Senf. Diese neue Wurst aber war mit Tomatenketchup*
> *übergossen und mit scharfen Gewürzen bestreut. Ich weiß noch*
> *genau, wie mir beim ersten Mal fast die Luft wegblieb, als*
> *ich abgebissen hatte. Krasselt schob seinen Anhänger immer in*
> *eine Lücke im weißen Holzzaun, der den Markt umschloss.*
> *An den Markttagen schob er den Hänger in die Karl-Stieler-*
> *Straße, um ihn am Abend wieder nach oben zum Markt zu*

holen. Neben seinem Anhänger spannte er eine Plane vom Dach des Hängers bis über den Holzzaun, damit die Leute bei Regen nicht nass wurden.

Meist waren Schmitti und Klaus mit dabei, wenn wir zu ›Krasselt‹ gingen. Wenn wir dann ankamen, sahen wir schon von weitem die Schlange der wartenden Leute. Jeder schaute Krasselt und seiner Frau auf die Finger, wenn sie ein oder zwei, manchmal sogar drei und mehr Würste auf das Papptablett legten. Mit schnellen Griffen kamen zuerst aus zwei verschiedenen Büchsen die scharfen Gewürze drauf. Darüber kam der hervorragend schmeckende Ketchup. Zuletzt wurde die Wurst halbiert und an den Enden steckte Krasselt spitze Holzpieker hinein. Mir lief jedes Mal das Wasser im Mund zusammen, wenn ich das sah. Doch mehr als zwei Würste konnte ich mir nicht leisten. Anders dagegen Klaus, der verdrückte meist drei Currywürste. Anfangs gab es noch kleine, warme Brötchen dazu. Später kosteten die dann auch etwas. Nachdem wir köstlich gespeist hatten, warfen wir die Pappteller in den Mülleimer und steckten die Holzpieker in die Zwischenräume des Holzzaunes.«

Hans Scheibner erhob Anfang der 90er-Jahre die Currywurst in seinen satirischen Monologen »Currywurst und Ewigkeit« zum Titelhelden. In der fiktiven Bahnhofskneipe »Zum letzten Anschluß« schaute er Gästen aufs Maul und notierte, was sie erzählten. Sogar ein Ministerpräsident ließ sich dort sehen. »Ich muss einmal in meinem Leben wieder eine richtige Currywurst essen! Haben sie ʼne Currywurst? Und ein Flaschenbier – bitte ohne Glas! – Sie wissen ja gar nicht, wie gut Sie es haben. Hier ist doch das Leben, Herr Wirt! Unsereiner ist doch lebendig begraben.«

Andresen

Dieser literarische Streifzug durch die Niederungen deutscher Imbissbuden-Landschaften darf nicht zu Ende gehen ohne einen Verweis auf das Buch »Wurst«. Der Satiriker Wiglaf

Droste und Sternekoch Vincent Klink haben das laut Rezensionen »hinreißende und lehrreiche Kompendium mit ungewohnten Einsichten in die Welt der Würste: wollüstig-deftig illustriert und mit vielen Rezepten versehen« vorgelegt. Und darin findet sich auch die Antwort auf die ewige, die immer wiederkehrende Frage: Was ist Wurst?

>> *Ein Rätsel ist die Wurst, ein Mysterium. Rund und knuffig ist die Wurst, eine Verlockung, ein anregendes Versprechen. Was aber verspricht uns die Wurst genau? Was ist Wurst, was ist sie uns?*

Etymologisch ist Wurst ein Gemenge, ein Mischmasch – man weiß nicht, was darinnen ist. Und will man es wissen? Ist es wirklich ratsam, der Wurst ihre Geheimnisse zu entreißen? Werden wir sie anschließend immer noch mögen? Oder unsere Neugierde nicht eher heftig bedauern? Und die Wurst, aufgeklärt über manches Vergehen und Verbrechen, begangen in ihrem Namen, im Namen der Wurst, folglich ächten und verschmähen? Dieses Risiko kann man nicht ausschließen, wir gehen es mit Freuden ein. Ohne Risiko keine Wahrheit, auch nicht über Wurst.

Prall und reizend liegt die Wurst vor uns. Mannigfaltig und prächtig sind ihre Formen: Als grober archaischer Prügel kommt sie daher, als kinderkopfgroßer Presssack, als darmummantelter Salamiklopper, als niedliches Wienerle, als feines Wurstsäckchen. Großzügig zeigt sie ihre Rundungen, lieblich verströmt sie ihre Düfte – Fenchel, Pfeffer, Knoblauch und was es sei. Und immer sagt sie: Iss mich, hier bin ich, bin ich nicht handlich?

O doch, handlich ist sie, die Wurst. Anmutig vereint die Wurst Griffigkeit und Appetitlichkeit und zieht uns in ihren Bann, auf dass wir ihr verfallen, physisch wie metaphysisch. Wer in das Mysterium Wurst eintaucht, dem erscheint es vollendet logisch, das Universum als Wurst zu erklären und zu begreifen.

Ist nicht alles, was ist, Wurst? Im Guten wie im Bösen, im Klugen wie im Blöden? Die ganze ungeschlachte Welt, ist sie nicht Wurst?«

Die Currywurst im Film

Ach, viel zu selten schafft es die Currywurst als dominierendes Thema in Film und Fernsehen. Gut, sie zeigt sich vielleicht etwas zu unbeweglich, entwickelt weniger Eigenleben als – sagen wir: ein Affe. Dennoch ließen sich wunderbare Geschichten rund um die rot-braune Köstlichkeit aufbauen, wie es ja letztlich bei den »Drei Damen vom Grill« der Fall war.

Bei jedem Casting also fällt die Wurst durch, und wenn sie es doch einmal Format tragend auf den Bildschirm schafft, dann wird sie gewissermaßen seziert und in die Nacht- oder zuschauerarmen Mittagsstunden verbannt, wie die einst vom RBB produzierte Reportage »Currywurst und Pommes«, bei der es um das »Geheimnis des Erfolgsrezeptes« ging. Oder sie dient dazu, Gäste in die Hauptstadt zu locken, indem man ihnen die Currywurst schmackhaft macht – etwa in dem kurzen Stück »Die Currywurst – Einfach köstlich: ein Berliner Klassiker«, der sich auf den Internet-Seiten von Tourismus Marketing Berlin findet. Häufiger jedoch fällt der Currywurst eine Nebenrolle zu, in der sie den Schauspielern gewissermaßen als kulinarische Untermalung bei vornehmlich statischen Szenen dient. Der Kölner »Tatort« wurde ja bereits erwähnt.

Aber einmal zumindest hat es die Currywurst dann doch zu einer Hauptrolle gebracht – und dann gleich noch in einer internationalen Produktion. Doch der Reihe nach: Die Filmwirtschaft in Berlin-Brandenburg lobt 2003 den ersten »Berlin Today Award« aus, einen internationalen Preis für Nachwuchsfilmer. Zu den vier Kandidaten, die letztlich ausgewählt werden, um ihr Konzept mit finanzieller Unterstützung zu realisieren, gehört auch die Amerikanerin Grace Lee. Sie überzeugt die Jury mit ihrer Idee, sich auf Spurensuche nach der

Berliner Obsession für Currywurst zu machen. Allerdings hat auch die Amerikanerin Lee ganz offensichtlich eine Affinität zur deutschen Spezialität: »Ich bin besessen von Currywurst«, verrät sie. Und berichtet weiter:

»MUSEUM ALS WELTWEIT EINMALIGE ERLEBNISAUSSTELLUNG«

Birgit Breloh leitet das Deutsche Currywurst Museum Berlin. Die Currywurst versteht sich für die gebürtige Berlinerin und Diplom-Kultursoziologin als Inspiration von selbst: Die Museumsleitung empfindet Birgit Breloh als reizvolle Aufgabe – gerade weil es sich um interaktive und außergewöhnliche Inszenierungen dreht.

Frage: Frau Breloh, warum braucht die Welt ein Currywurst Museum?
Breloh: Die Currywurst ist ein Phänomen. Kein deutsches Nationalgericht inspiriert so viele Geschichten, Vorlieben und prominente Bekenner wie die Currywurst: Von Grönemeyer besungen, von Alt-Kanzler Schröder empfohlen und von der Berlinerin Herta Heuwer erfunden, ist sie als ein Stück deutscher Kultur- und Gesellschaftsgeschichte zu begreifen. Diesem Kultstatus der Currywurst sowie ihrer engen

Verknüpfung mit Berlin wird mit dieser weltweit einmaligen Erlebnisausstellung ein Denkmal gesetzt. **Was macht denn die Currywurst so einzigartig?**
Breloh: Bis heute ist der Mix aus Wurst, Soße und Gewürzen unerreicht. Dabei ist Currywurst aber viel mehr als nur ein beliebter Snack – sie ist als kulinarisches Wahrzeichen zu sehen, das sich einen ganz besonderen Platz in den Herzen der Deutschen erobert hat. An der Imbissbude trifft sich der gesamte Querschnitt unserer Gesellschaft und kommt Currywurst essend miteinander ins Gespräch. Aber nicht nur in Deutschland wird die Currywurst geliebt, mittlerweile hat sie ihren Siegeszug über die ganze Welt angetreten.
Finden auch echte Currywurst-Fans noch Neues?
Breloh: Da bin ich mir ganz sicher. Im Deutschen Currywurst Museum Berlin geht es nicht nur um die

> Ich träume immer noch von dieser großartigen Kombination aus gegrillter Wurst, Tomatensoße und Curry-Pulver. In dem Moment, als ich meine ›Currywurst-Jungfräulichkeit‹ verlor, begann ich, die Stadt zu verstehen. Müde vom Jetlag, hungrig und durchgefroren rief ich nach einem Zwölf-Stunden-Flug von Los Angeles nach Berlin meine Freundin In-Ah Lee an,

Zutaten und die Geheimnisse der Rezeptur der beliebten Imbiss-Kreation. Sämtliche Facetten der Currywurst werden beleuchtet, und dazu gehören neben prominenten Fans, Kuriositäten und den regionalen Unterschieden bei der Darreichung auch Themen wie Ökologie und Fastfood. Die kultigsten Buden Berlins werden in einem interaktiven Stadtplan vorgestellt, und die Besucher können entdecken, welche bedeutende Rolle die Currywurst nicht zuletzt im Kino und im Fernsehen spielt. Spätestens die architektonische Betrachtung der verschiedenen Budentypen dürfte selbst eingefleischten Currywurst-Experten noch neue Sichtweisen eröffnen.

Berlin oder Hamburg: Die Currywurst-Gemeinden streiten sich darüber, wo der exotische Snack erfunden wurde. Warum schlagen Sie sich auf die Berliner Seite?

Breloh: Die Version, dass Herta Heuwer 1949 in Berlin die Chillup-Soße kreierte und damit die Currywurst erfand, ist historisch am besten nachvollziehbar. Es gibt viele Zeitzeugen, die an ihrem Imbiss gegessen haben, und sie meldete ihre Soße später zum Patent an. Der Mythos um die Erfindung belegt aus meiner Sicht einmal mehr die gesellschaftliche Bedeutung der Currywurst.

Ihr Tipp für die Leser: Wie sieht die optimale Currywurst-Mahlzeit aus?

Breloh: Es gibt deutschlandweit so unglaublich viele verschiedene Variationen. In Berlin wird man an der Imbissbude regelrecht mit der ›Glaubensfrage‹ konfrontiert: Currywurst mit oder ohne Pelle (Darm). Mein Favorit ist die Variante mit Darm, einer möglichst fruchtigen Soße und ordentlich Currypulver darüber. Je nach Appetit gehören für mich leckere Pommes oder eine Schrippe dazu, um die köstliche Soße gebührend genießen zu können.

die in der Hauptstadt lebt und mittlerweile Expertin für die örtlichen Speisen war. Es dauerte nicht lange, und ich fand mich in einem Auto wieder, zusammen mit vier Deutschen, einer davon Wanja Mues, der lokale Currywurst-Afficionado. Nach wenigen Minuten reihten wir uns in eine Schlange vor einem hellgelben Imbissstand ein, an dem dampfend-heiße Teller mit diesem bizarr anmutenden Gericht serviert wurden. Ich nahm eines dieser winzigen hölzernen Gäbelchen, pikste es in ein Ketchup getränktes Stück Wurst und biss ab. Es brannte in meinem Mund, als ich kaute, aber ich machte die Erfahrung des unbeschreiblichsten Geschmacks, den ich je erlebt habe. Ganz plötzlich fühlte ich mich erholt und wie zu Hause, mit vier neuen Freunden. Ich war in Berlin angekommen.«

So beeindruckt zeigt sich Lee von den Berlinern und ihrer unerschütterlichen Zuneigung zu ihrer Stadt und vor allem ihrer Wurst, dass sie beschließt, den »Mikrokosmos auf dem Trottoir unter die Lupe zu nehmen«, wie es Anke Springer in der »Berliner Zeitung« formuliert. Die Gespräche an den Stehtischen, die Lee vor der Kamera mit den typischen Imbiss-Zufallsbekanntschaften führt, drehen sich um das Leben in der Hauptstadt und vor allem um die beste

Grace Lee (Mitte) bei den Dreharbeiten für „Currywurst".

Peter Himsel

Konnopke's Imbiß
Inhaber: W. Ziervogel

Wurst von allen. Die hat für den einen eine Pelle, für den anderen keine. Mal schmeckt sie am besten mit Naturdarm, dann wieder ist die künstliche Hülle das Nonplusultra. Ketchup oder Tomatensoße? Und gehört der Curry nun schon in die sämige Soße oder krönt er als Pulver das Wurst-Ensemble?

Da hat jeder eine andere Meinung, richtig festlegen mag sich aber niemand, wenn es um den einzig wahren Imbiss geht. Zu groß ist die Zahl der Wurstbuden und selbst die Betreiber rühmen sich nicht ihres Spezialrezeptes, sondern antworten stets eher ausweichend. »Die Leute halten unsere Wurst für die beste. Weiß nicht, ob das stimmt«, sagen viele.

Auch Lee lässt die Antwort auf die Frage nach der optimalen Wurst offen. Eigentlich geht es darum auch nicht so richtig. Viel wichtiger ist für die Filmemacherin die soziale Rolle, die die »Curry« spielt – als Zeitvertreib, bei dem soziale Klassen, ethnische Unterschiede, Altersstufen und Herkunftsländer überwunden werden.

Natürlich kam das beim Festival-Publikum gut an. Und selbst, wenn es für den Hauptpreis nicht reichte, wollten auch die Menschen in anderen Ländern den knapp 25 Minuten dauernden Film sehen. So zeigte Lee ihn auf dem Los Angeles Film Festival und auf dem Pusan International Film Festival in Südkorea.

Heute findet sich das kleine, unterhaltsame Kunstwerk noch im Internet auf www.spike.com.

Und dann ist da natürlich noch der Klassiker fürs breite Publikum, »Die Entdeckung der Currywurst« nach der Erzählung von Uwe Timm. Als »Liebesgeschichte von zeitgeschichtlicher Gleichniskraft« ist sie bezeichnet worden, die Geschichte zum Film. Und Regisseurin Ulla Wagner transformiert in dem mit Barbara Sukowa und Alexander Khuon bestens besetzten Streifen – unspektakulär und in ruhigen warmen Bildern – die Novelle von Uwe Timm ganz hervorragend. Natürlich ist der Film gegenüber der Vorlage etwas gekürzt, der Currywurst-Freund merkt das vor allem an der schönen Entdeckungsszene. Aber dennoch handelt es sich um eine Literatur-Adaption höchster Qualität.

Das Plakat zum Film
– mit Barbara Sukowa
als Lena Brücker und
Alexander Khuon als
Hermann Bremer.

Schwarz-Weiss Filmverleih

Der Film, der im September 2008 in die Kinos kam, wurde übrigens an ganz unterschiedlichen Orten gedreht, die noch das Flair Deutschlands bei Kriegsende 1945 widerspiegelten, in Riga etwa, in Köln und im Kur-Theater in Hennef. Das 1938 errichtete Gebäude – auch heute noch als Kino genutzt – verfügt über zwei Ein- und Ausgänge, wie 1945 üblich, besitzt mit seiner Fassade aus roten Ziegeln den etwas spröden Charme der 30er-Jahre. Kein Wunder, dass die Filmstiftung Nordrhein-Westfalen den Machern finanziell unter die Arme griff und den Dreh mit 75 000 Euro förderte. Auch der Deutsche Filmförderfonds und andere Institutionen waren mit an Bord und halfen letztlich, die Currywurst über die Grenzen Deutschlands hinaus bekannt zu machen.

Kommerziell allerdings war der Film kein allzu großer Erfolg. Dafür aber wurde er auf mehreren Festivals gezeigt, etwa in Paris und in Montreal, wo Barbara Sukowa für ihre Darstellung der Lena Brücker als »Best Actress« ausgezeichnet wurde. Und was sagt Sukowa selbst zu den Gründen, warum sie die Rolle überhaupt annahm? »Es stimmte ganz einfach alles: eine gute Rolle, gute Partner und ein guter Regisseur.«

Wer den Film im Kino verpasst hat, der kann ihn mittlerweile auf DVD bestellen.

Die Currywurst auf der Bühne

Diese Enttäuschung sitzt tief: Dieter Baumann, einst Olympiasieger über 5000 Meter und später wegen angeblich mit verbotenen Substanzen vermischter Zahnpasta aus dem Rennen genommen, startet ein

Unterhaltungsprogramm mit dem Titel »Körner, Currywurst, Kenia« – und die Fans der Wurst erwarten natürlich die freudige Botschaft, wie Snack und Training zusammen kommen. Denkste! Vielmehr geht es unter anderem um Baumanns Getreidemühle, die er stets mit sich führe – und um seinen Abschied von der ungesunden Currywurst. Aber was soll man von einem abgedankten Sportler, der erzählt, er mahle vor dem Zubettgehen noch ein paar Körner, das habe etwas Erotisches, auch anderes erwarten! Dass der Schwabe damit in seiner Currywurst-feindlichen Heimat gut ankommt, liegt auf der Hand; das Gelächter etwa in Hamburg ist nicht nachvollziehbar.

Und ach – natürlich hat es die Currywurst von Uwe Timm nicht nur auf die Leinwand, sondern auch auf die Weltbühnen gebracht. »Einen neuen, geeigneten Rahmen« habe das Werk dort gefunden, notierte die Lüneburger Landeszeitung über die Premiere im Hamburger Ernst-Deutsch-Theater. Dabei gehörte die Hauptrolle – zumindest zum Schluss des Abends – weniger den Schauspielern als vielmehr eben doch der Currywurst. Denn das Theater hatte einen Wurstwaren-Produzenten dazu überreden können, seine Produkte zur Erstaufführung heranzukarren. Fernsehkoch Tim Mälzer kochte dazu eine Soße nach seinem Spezialrezept und servierte nach dem Schlussapplaus auf Papptellern im Foyer. Und während Herta Heuwer und natürlich Lena Brücker ihre Rezepte nie freiwillig verraten hätten, plauderte der Maestro seine Zutaten ohne großes Drängen aus: Dosentomaten, Curry, Sternanis, Senfkörner, Orangensaft, Cayennepfeffer, Salz, Pfeffer und Zucker.

Nicht immer schaffte es die »Currywurst« in eine vollständige Inszenierung. Die Schauspieler Christian Kaiser und Barbara Katz zum Beispiel präsentierten das Stück als »szenische Lesung«. Doch auch bei dieser Aufführung in Bremen folgte die Kulinarik der Kunst, die Wurst gab es erst hintendrein.

Und dann ist da noch die »Currywurst mit Pommes« von Frank Pinkus und Nick Walsh, im Untertitel als »satirische Momentaufnahmen am Rande einer deutschen Autobahn« bezeichnet. Gezeigt wird eine Imbisswirtin, Penny, die den Vorübertreibenden ebendiesen

Snack und allerlei Getränke serviert. Emanzipierte Frauen auf dem Weg zum Trommelseminar in der Toskana, plump baggernde Asphalt-Cowboys, Mantafahrer, Manager, Nonnen, Sekretärinnen, Familien mit und ohne Opa, Schauspieler – sie alle machen Halt am Fastfood-Eiland und geben Einblicke in ihr oft abstruses Dasein. Und wie die Currywurst vielleicht keine ganz große Esskultur verkörpert, so bringt das Stück nicht die hehre Kunst auf die Bühne – aber satt wird man doch und schmecken tut es auch.

In Berlin und Hamburg auf kulinarischer Spurensuche

Per pedes, mit dem Fahrrad, per Auto oder mit öffentlichen Verkehrsmitteln – es gibt zahlreiche verschiedene Möglichkeiten, um auf eine zünftige Currywurst-Tour durch Berlin zu gehen. Einige Ausflüge werden geführt, dann wieder kann sich der Wurst-Fan selbst durch den Dschungel der großstädtischen Imbissbuden kämpfen.

Für alle, die sich in der Hauptstadt bereits einigermaßen auskennen, kommt ein kleiner Mann im Ohr als Guide in Frage, etwa von Geophon. Die Hör-Reise durch Berlin trägt den Untertitel »Eine akustische Reise zwischen Wannsee und Alex«. Der Clou für »Curry«-Fans: Zu Wort kommt neben anderen Waltraud Ziervogel, die Tochter des Imbiss-Königs Max Konnopke. Sie berichtet, wie Konnopke die Currywurst ohne Darm entwickelt und erfolgreich auf den Markt gebracht hat. Insgesamt dauert die Reise 75 Minuten.

Und immer wieder Konnopke: Die Traditionsbude unter den S-Bahn-Gleisen ist beliebtes Ziel ortskundiger Führer. So verspricht zum Beispiel die Kunstagentur Thomessen Hartlieb für ihre Tour durch den Stadtbezirk Prenzlauer Berg »Einblicke in den ›neuen‹ Szenebezirk«. Motto der Spurensuche in einem der größten Gründerzeitquartiere Deutschlands: »Zwischen Babyboom und Konnopkes Currywurst.« Und der diplomierte Geograph Olaf Riebe nimmt seine Gäste ebenfalls mit zu »Ansichtssachen« – so der Titel seines

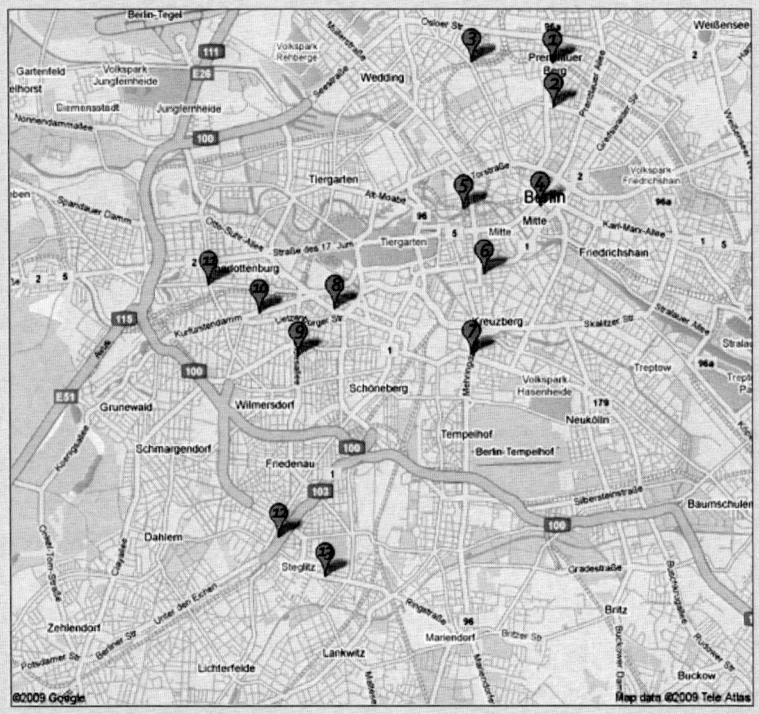

1: Konnopke, Schönhauser Allee 44 a
2: Currywurst & Coffeeshop, Knaackstr. 98
3: Currybaude, U-Bahnhof Gesundbrunnen
4: Zur Currywurst, S-Bahnhof Alexanderplatz
5: Ständige Vertretung, Schiffbauerdamm 8
6: Currywurst Museum, Schützenstr. 70
7: Curry 36, Mehringdamm 36
8: Witty's Currybude, Wittenbergplatz
9: Currywurst Berlin & Friends, Bundesallee 200
10: Ku'Damm 195, Kurfürstendamm 195
11: Herta-Heuwer-Gedenktafel, Kantstr. 101
12: Zur Bratpfanne, Kieler Str. 1
13: Krasselt's, Steglitzer Damm 24

Unternehmens. Auch Riebe baut in seinen Rundgang »Prenzlauer Berg« einen Abstecher zu Konnopke ein.

Offener gibt sich »Stattreisen Berlin«. Sie bietet Städtereisenden das Erlebnis »Schnelle Kelle« an, bei dem es ums »Essen auf der Straße zwischen Slow- und Fastfood« geht. Angesteuert wird aber auch dabei Konnopke. Aus dem Programm:

» *Mitten in Berlin, am Rosenthaler Platz, beginnt der Spaziergang durch Berlins heimliches Mekka der Schnellesskultur. Über die kulinarischen Besonderheiten von Döner, Pizza und Currywurst ist hier ebenso etwas zu erfahren wie über die Menschen, die sich mit dem Lebensnotwendigen versorgen. Wir ›besteigen‹ einen Weinberg, begeben uns in eine historische Markthalle und enden an einem Ort, in dem heute Kultur statt Bier gebraut wird.«*

Eine Tour durch Kreuzberg hat Elke Freimuth, Chefin des Unternehmens »Eat the World«, entwickelt. Das Motto der Firma: »Lern' die Region über das Essen und die Menschen kennen.« Wo könnte man das besser als im traditionellen Kiez? Und so nehmen die Stadtführer ihre Gäste gewissermaßen an die Hand, um ihnen dieses Dorf in der Großstadt Berlin näherzubringen. Und das durchaus unter Zeitdruck, denn: »Der ›einfache Berliner‹ hat durch erhöhte Energie- und Nahrungsmittelpreise das schnelle Geld für die Currywurst nicht mehr so locker in der Tasche wie vor etwa drei bis fünf Jahren. Das macht sich in der Kasse der Imbissbetriebe stark bemerkbar. Deswegen verschwinden zunehmend alteingesessene Imbisse, deren Platz häufig Ketten- oder Luxusanbieter einnehmen – aber das ist ja ein bekanntes Dilemma«, berichtet Freimuth. Die »Berliner Morgenpost« fasste zusammen:

» *Im multikulturellen Kreuzberg führen einheimische Guides ins echte und typische Berlin, fernab der ausgetretenen Touristenpfade. ( ) Auch an der Currywurst führt kein Weg vorbei.*

Ohne deren Genuss hat man Berlin nicht wirklich kennengelernt. *Viele Besucher kennen diese Spezialität, aber wer weiß schon, wo sie erfunden wurde, was ihr Geheimnis ist und wo es sie gibt, die beste Currywurst Berlins?«*

Diese Frage werden die Gäste eines Spezialreiseveranstalters für Berlin-Reisen wohl nie beantworten können. Die Hessen haben zwar einen Reisebaustein »Berlin kocht jut!« im Programm. Doch der an sich löbliche Ansatz scheitert schon vor Beginn, weil der Anbieter erklärt, er wolle »die Currywurst-Legende als ›Ente‹ entlarven«. Und in Verkehrung historischer und gastronomischer Tatsachen erklärt die Gesellschaft: »Die zum Kultstatus erhobene Fastfood-Variante, die geschnitten und mit einer Art Soße auf Basis von Tomatenmark und Currypulver serviert wird und landläufig unter der Bezeichnung Currywurst über den Tresen geht, ist doch beileibe kein kulinarisches Aushängeschild für die neue, deutsche Metropole.«

Den Ort, an dem die Herta-Heuwer-Gedenktafel hängt, sowie natürlich eine Auswahl von Currywurstbuden, die aufgrund der Lage, des Publikums und natürlich der Qualität der Wurst und vor allem der Soße empfehlenswert sind, gibt es im Kasten auf Seite 126 sowie im Internet auf Google-Maps (maps.google.de)

»It's your Schnellimbiss! So drink!« Damit warb die **amerikanische Firma MeatWater** für ihre Kreationen wie Texas BBQ, Tandoori Chicken, Swedish Köttbullar und natürlich Currywurst. Es handele sich um mehr als nur Wasser mit Geschmack, warben die Verantwortlichen auf ihrer Homepage www.dinnerinabottle.com. »Eine Luxus-Getränkelinie. Fleischiger Geschmack, der jeden Gaumen befriedigt. ( ) Sie sind aktiv, attraktiv und erfolgreich, immer auf der Suche nach mehr Effektivität und Effizienz beim Bewältigen des Alltags – vor allem beim Essen. Genießen Sie in kürzerer Zeit, ohne zu kauen.« So warb der Chef des Unternehmens **Till Krautkrämer** für sein Produkt. Und viele Medien fielen voll drauf rein. Denn: Krautkrämer ist eigentlich Fotograf und Künstler und wollte mit seiner Kampagne zeigen, wie aus schönen Worten, überzeugendem Web-Marketing und – nun ja – heißer Luft eine prägnante Marke entstehen kann. Flüssig-Gourmets müssen also weiter auf die Erfüllung ihrer Träume warten per Suchbegriff »Currywurst-Rundgang«. Dort findet sich auch der Standort des neuen Currywurst Museums in der Schützenstraße 70, unweit des berühmten Checkpoint Charlie.

Tja, lange hat es gedauert, bis die Sammlung zum »globalen Snack«, der »klassenlosen Delikatesse« und »populären wie scharfen Wurstspezialität« realisiert werden konnte (Eröffnung im August

CURRYWURST MUSEUM BERLIN – DATEN UND FAKTEN

Rund fünf Millionen Euro haben die Initiatoren bei 20 Geldgebern für das Museum aufgetrieben. Über 1100 Quadratmeter Ausstellungsfläche können **bis zu 200 Besucher gleichzeitig** spazieren. Geöffnet ist die Show täglich zwischen 10 und 22 Uhr, der Eintritt kostet **7 bis 11 Euro**, Kinder unter sechs Jahren dürfen umsonst rein. Darum, dass alles glatt läuft, kümmern sich insgesamt 24 Angestellte, pro Jahr sollen bis zu 350 000 Menschen Einlass finden.

Außerdem gibt es einen Museums-Shop, in dem verschiedenste Produkte zum Thema »Currywurst« angeboten werden. Und im angeschlossenen Imbiss werden **exklusive Soßen** von den Sterneköchen Thomas Kammeier und Kolja Kleeberg serviert.

Visualisierung: Currywurst-Museum Berlin

2009). Gut fünf Jahre lang harrten »Curry«-Fans des offiziellen Startschusses, bevor es endlich so weit war. Und die Schau macht durchaus etwas her: Die Ausstellungsmacher um Kurator Martin Löwer und Museumsleiterin Birgit Breloh haben eine begehbare Imbissbude als Demonstrationsobjekt aufgebaut, an Hörstationen berichten Promis von ihrer Zuneigung zur Wurst der Würste. Hier duftet Curry, Ketchup-Tropfen hängen von der Decke und wer erschöpft ist, der ruht sich einfach auf einem Wurstsofa aus. Und natürlich wird auch Herta Heuwer mit einem eigenen Raum geehrt.

Und während in Berlin die Ehre der Currywurst hochgehalten wird, ist bei den Hanseaten, die doch angeblich mit Lena Brücker die Grande Dame der Imbisswelt hervorgebracht haben, der Stadtrundgang »Die Entdeckung der Currywurst« aus dem Programm gestrichen worden. »Die wird nicht mehr angeboten«, bestätigt Hamburg Tourismus. Wenigstens offeriert »Viakultura – Wege zur Kunst« ähnliche Touren weiter, »wie die Hamburger Currywurst schmeckt, kann im Anschluss getestet werden«.

Karl-Heinz Bohrer, Buchautor und Mitherausgeber der Zeitschrift »Merkur«, wurde einst von Florian Wolfrum, Reporter der »taz«, zu der Behauptung interviewt, er könne als »vielleicht der einzige bedeutende Physiognomiker unter den Intellektuellen Deutschlands« Städtenamen gewissermaßen »verkosten«. Es entspann sich folgender (gekürzter) Dialog:

Wolfrum: Na schön, jetzt aber mal zu den deutschen Städten.

Bohrer: Deutschland kann ich generell kaum ertragen. Moralinsäure, staubige Kerzenhalter. Tartüffelig. – Furchtbar. Schrecklich. Entsetzlich.

Berlin, bitte.

Berlin. (mümmelt) Balin, Balin. Da bin ich nicht so begeistert. Vordergründig prächtig. Aber grober Verschnitt.

Das heißt?

Verschiedenstes Zeug durcheinandergepanscht. Nicht gerade subtil. Am Gaumen bloß kribbelig, ohne Geschmeidigkeit und Fülle. Fleischiger, leicht verdorbener Geschmack. Currywurst, Bulette, Döner. Und natürlich staubige Kerzenhalter. Wohl in rostigem Blech ausgebaut. Im Abgang ... (verzieht angewidert das Gesicht und stöhnt auf) Furchtbar!

Was denn? Was ist denn im Abgang so furchtbar?

Hundescheiße.

Herr Bohrer, wir danken Ihnen für dieses Gespräch.

Schließlich noch ein Hinweis auf »Hamburg kulinarisch – Englische Sitten und himmlisches Essen«, ein Rundgang des Veranstalters »Spurensuchen«. Austern können da gekostet, Franzbrötchen probiert, Pannfisch und Labskaus getestet werden. Doch die wichtigste Antwort für alle Fans der Currywurst ist natürlich die auf die Frage: Wer hat sie erfunden? Das liegt auf der Hand, doch die zweistündige Tour macht trotzdem Spaß.

In Anlehnung an den Roman „Fleisch ist mein Gemüse" des Musikers und Humoristen Heinz Schenk hat Linus T. die Currywurst zur Frucht erhoben. Damit nimmt er den Gesundheitsaposteln den Wind aus den Segeln, die gegen den Verzehr der Wurst wettern. Obst-Spezialist Dole kehrt übrigens das Motiv in seiner Werbekampagne „Fast Fruit" um; dort liegt eine in Scheiben geschnittene Banane auf einer Imbissschale aus Porzellan.

Linus T. (2)

Mit Rose, Kerze und sich scheinbar umarmenden Holzspießchen rückt Linus T. die Currywurst in einen neuen, zunächst ungewöhnlichen Kontext und holt sie damit aus der vermeintlichen Schmuddelecke des Stehimbisses heraus.

Die Konkurrenten der Currywurst

Totgesagt wird sie immer wieder mal, die Currywurst. Aber Wienerwald und Schnitzel, Pizza, Döner, Hamburger – sie alle haben der »Königin der Würste« den Rang nicht ablaufen können. Manches passt einfach nicht an die Imbissbude. Das gilt etwa für das klassische Holzfäller-Steak im Brötchen. Das gibt es zwar auf Grillfesten, nur selten aber am Imbiss. Hauptgrund: Die Currywurst wird zwischendurch zur Sättigung verzehrt; das bedeutet, dass der Hungrige hinterher wieder ins Büro muss oder weiter bummeln möchte. Bei einem Steak-Brötchen, wenn die Schneidezähne es nicht vermögen, die Fasern und Sehnen sauber zu durchtrennen, besteht immer die Gefahr, dass ein Teil der Mahlzeit auf dem Hemd oder dem Kostüm landet.

Auch Sushi, heute längst weit verbreitet und beliebt, kommt als Currywurst-Ersatz nicht wirklich in Frage. Aufgrund der relativ raren und nur in hoher Qualität verarbeitbaren Zutaten allerdings scheitern die Rohfisch-Häppchen schon an den eher beschränkten Möglichkeiten einer Imbissbude. Zudem überschreitet der Preis in aller Regel die imaginäre Schwelle, die Passanten für einen schnellen Snack auszugeben bereit sind. Dann wieder müssen – wie beim Schnitzel – Messer und Gabel bereitliegen, Sitzgelegenheiten angeboten werden.

Nein, im Großen und Ganzen ist die Currywurst als Imbissessen konkurrenzlos. Nur Hamburger, Pizza und Döner haben grundsätzlich das Zeug, der exotischen Wurst das Wasser reichen zu können. Doch so richtig funktioniert das bei keinem der kulinarischen Wettbewerber.

Hamburger, global Nummer 1

Die Geschichte des Hamburgers erinnert ein wenig an die der Currywurst. Ursprünglich, so heißt es, habe das Reitervolk der Tartaren rohe Fleischstücke unter die Sättel gelegt, damit die Brocken bei längeren Touren weich, mürbe und genießbar wurden. Die Bezeichnung »Steak Tartare« für eine rohe Hackfleischscheibe erinnert vor allem in Frankreich noch an diese Herkunft.

Irgendwie hat das einfache Gericht dann den Weg nach Berlin gefunden – und stieß dort auf die spontane Zuneigung der Bürger. Hackfleisch in jeder denkbaren Form wird seit jeher in der heutigen Hauptstadt verarbeitet. Katrin Ludwig, Autorin von »Mehr als Eisbein und Bulette« und profunde Kennerin der Berliner Küche, zählt auf:

>> *Hackepeter, Schabefleisch, Tatar, Gardestern, Buletten, falscher Hase, Kalbsbriesoletten, Hackfleisch als Füllung in Kohlrouladen und Teigtaschen. Dazu die Pizza mit Gehacktem, und der Hamburger mit gehacktem Gebratenem, der Klops, mal als Königsberger Klops, mal als Fleischklößchen im Frikassee.«*

So gern haben die Berliner ihre Buletten, wie sie von hugenottischen Zuwanderern einst genannt wurden, dass sie sie sogar in einem alten Vers verewigt haben:

>> *Ick sitze da und esse Klops.*
Uff eenmal kloppt's.
Ick sitze, kieke, wundre mir,
uff eenmal jeht se uff de Tür.
Nanu denk ick, ick denk nanu!
Jetzt is se uff, erst war se zu.
Und ick jeh raus und kieke.
Und wer steht draußen?
Icke.«

Interessant an der Bulette – vulgo: Frikadelle – ist, dass auch die Hamburger sie für sich reklamieren. Mit deutschen Emigranten sei die kleine Mahlzeit vom wichtigsten deutschen Seehafen in die Neue

Welt gereist. Und dort haben die Einwanderer an dieser heimatlichen Erinnerung festgehalten und sie auch Amerikanern zum Probieren gegeben. Die fanden Geschmack an der Sache und vereinnahmten die Hacksteaks rasch. Wer jedoch tatsächlich den ersten Hamburger in seiner heutigen Form kredenzte, darüber gehen die Meinungen auseinander. Vielleicht waren es Fletcher Davis aus Texas und Frank Menches aus Ohio, die auf der Weltausstellung 1904 in St. Louis den Gästen heiße Hackfleischscheiben verkauften. Und damit die Besucher weiter flanieren konnten, um möglichst viel zu sehen, packten die findigen Geschäftsleute die kleinen Mahlzeiten zwischen zwei Brotscheiben. Auch Besteck musste so nicht ausgegeben werden. Damals wurden die fertigen Sandwiches noch einfach als »Hamburg« bezeichnet, erst wenige Jahre später kam die Endung »-er« hinzu, der Hamburger hatte seinen fertigen Namen. Der hat übrigens nicht mit »ham«, also Schinken, zu tun, sondern hat seine Wurzeln tatsächlich im Namen der deutschen Hansestadt.

Andere Quellen datieren den Ursprung des Hamburgers bereits auf das Jahr 1885. Ein Händler aus Seymour in Wisconsin, Charles »Hamburger Charlie« Nagreen hat demnach bereits damals auf einer Messe Fleischklößchen verkauft, die er zwischen Weißbrotscheiben legte, damit die Besucher sie leichter mitnehmen und von Zeit zu Zeit davon abbeißen konnten.

Oder ist gar Louis Lassen aus New Haven in Connecticut der »Erfinder des Hamburgers«? Er betrieb in den dunkleren Zeiten der amerikanischen Küche ein kleines Restaurant, »Louis' Lunch«. Als eines Tages ein Gast in Eile etwas zum Mitnehmen verlangte, wies Lassen seinen Koch an, ein Hacksteak zwischen zwei Weißbrotscheiben zu stopfen. Lassen erkannte das Potenzial seines spontanen Einfalls und bot von da an den Hamburger an. Louis' Lunch gibt es noch heute, und noch heute wird der Hamburger in seiner damaligen Zusammensetzung verkauft, ausschließlich mit Käse, Tomaten und Zwiebeln. »Das sind die einzig akzeptablen Zutaten«, heißt es auf der Homepage der Firma, »kein wahrer Genießer würde zulassen, dass der klassische Geschmack mit Senf oder Ketchup verdorben wird.«

ExQuisine

Die Geschichte des Hamburgers ist natürlich nicht komplett ohne den ausgebufften Geschäftsmann Ray Kroc. Der nämlich kaufte 1954 zwei Brüdern namens Richard und Maurice McDonald ihre Fleischbraterei ab, machte eine Franchise-Kette daraus und legte so den Grundstein für die größte Frikadellen-Fabrik der Welt: McDonald's. Bereits nach zehn Jahren gehörten Kroc knapp 660 Schnellrestaurants. Heute ist der Konzern nahezu rund um den Globus vertreten und verkauft Jahr für Jahr weitgehend standardisierte Hamburger. Kaum weniger erfolgreich schlägt sich Konkurrent Burger King.

Populär wurden die Hamburger vor allem mit der Entwicklung von Drive-ins. Während die Amerikaner in ihrem Auto sitzen bleiben konnten, wurden sie von Teenagern auf Rollschuhen bedient, die durch die parkenden Fahrzeuge flitzten und sich so ein Taschengeld verdienten. Noch entscheidender für den Siegeszug des Bulettenbrötchens sei jedoch eine andere Tendenz gewesen, schreiben Hannes Bertschi und Marcus Reckewitz in »Von Absinth bis Zabaione«:

>> *Immer mehr Frauen wandten der häuslichen Arbeit den Rücken zu, um einer bezahlten Tätigkeit nachzugehen. Unter den veränderten Lebensverhältnissen fanden sie zwangsläufig immer seltener Zeit, die Familie am heimischen Herd zu versorgen. Die neu entstandenen Imbiss-Restaurants boten den Doppelverdiener-Familien die Möglichkeit, zu erträglichen Preisen außerhalb zu speisen – eine Alternative, die gerne und immer häufiger in Anspruch genommen wurde.«*

In den 70er-Jahren des 20. Jahrhunderts schwappte die Fastfood-Woge über den Großen Teich zurück nach Deutschland. Schnellrestaurants eröffneten, Hamburger wurden schnell immer beliebter. Für viele Gäste war der Besuch auch ein kleiner Schritt zum Aufbegehren gegen eingefahrene Sitten. Bei McDonald's und Co. wurde mit den Fingern gegessen – in den Augen der traditionsbewussten Restaurant-Esser eine kulinarische Barbarei.

Heute gehen allein in den USA Jahr für Jahr rund 15 Milliarden Burger über die Theken oder vom heimischen Grill. Auch in Deutschland ist die Zahl immens – reicht aber an den Verkauf der Currywurst nicht ganz heran. Das dürfte einerseits an den absatzfördernden Menüs liegen, die in der Regel aus Burger, einer Beilage und einem Getränk bestehen – zu viel, um es in zwei Händen zu tragen und gleichzeitig zu verzehren. Und nicht umsonst spricht man ja von »Hamburger-Restaurants«, also Speisestätten, in denen die Currywürste nicht wirklich gut schmecken. Der zweite Grund liegt im immer noch vergleichsweise jungen Publikum. Ältere Menschen fühlen sich in den oft von Halbstarken belagerten Schnellrestaurants nicht wohl, schrecken zudem vor dem direkten Fingerkontakt mit dem Weichbrötchen zurück. Bleibt als Alternative eben doch die Currywurst, die wenigstens mit dem Holzpieker zum Mund geführt wird. Zudem ist an den Imbisswagen das Betreten eines geschlossenen Raumes nicht nötig, der Besuch bleibt unverfänglicher, offener, Rückzugsmöglichkeiten sind stets vorhanden.

Allerdings: Der Hamburger hat wohl die besten Karten im Duell mit der Currywurst, wenn es um Verzehraufwand, sensorische Gefälligkeit und Preis geht.

Pizza, ewiger Außenseiter

Kein Schnellgericht ist so alt wie die Pizza. Dennoch hat sie es zwar auf einen der vordersten Plätze, jedoch nicht ganz nach oben geschafft. Weltweit kennt man sie aus diversen italienischen Restaurants, tiefgekühlt ist sie sehr beliebt. In Deutschland konservieren seit 50 Jahren Rückkehrer aus dem Italienurlaub damit Feriengefühle, bewahren Gastarbeiter sich mit den dampfenden Teigtellern ein Stück

luchschen

Heimat. Und vielleicht wäre die Pizza wirklich die Nummer 1 in der Bundesrepublik geworden, hätten nicht die Deutschen sie stets als Hauptgericht betrachtet – im Gegensatz zu den Italienern übrigens.

Doch der Hauptgrund dafür, dass die Currywurst der Pizza stets überlegen war und es bleiben wird: Pizza ist ein typisches Tellergericht, das nach Porzellan und Besteck verlangt. Wie sollte man die eben aus dem Ofen geholte Speise anders verzehren? Schließlich verlangen Originalrezepte Temperaturen von 400 bis 500 Grad Celsius für die Zubereitung. Teilen und zerschneiden – ein Ding der Unmöglichkeit. Nicht umsonst gibt es diese praktischen Pizzaräder, bei denen ein rollendes Messer den gebackenen Teig samt Zwiebeln, Tomaten, Schinken, Käse und was sonst so alles darauf Platz gefunden hat, sauber in – traditionell acht – Stücke trennt.

Das hat nichts mit den fettigen und ausgekühlten Pizzen zu tun, die man bei großem Hunger im Vorübergehen kauft, verschlingt – und danach stundenlang einen käsigen Kloß im Magen spürt. Nein, eine gepflegte Pizza verlangt nach einem Tisch mit Stühlen. Nicht umsonst sind die typischen Absatzwege Pizzerien, Lieferservices, die den Weg vor allem in Single-Stuben, Wohngemeinschaften und Büros längst kennen, sowie vor allem Supermärkte. Klar: Tiefgefroren gilt Pizza als eines der beliebtesten Schnellgerichte für daheim. Während vor 20, 25 Jahren höchstens eine Handvoll Sorten in den Kühltruhen ruhte, liegen heute Salami (normal, scharf und »Diabolo«) und Spinat neben Champignon und Schinken. Dazu kommen Exoten wie Hawaii oder gar Gyros. Und eine solche Auswahl bieten gleich mehrere Hersteller an. Kein Wunder, denn jeder Bundesbürger verspeist im Schnitt rund drei Kilogramm Tiefkühlpizza pro Jahr.

Doch zunächst war es weniger der große Hunger auf leichtere Mahlzeiten, der zur Entwicklung des per Kälte haltbar gemachten Schnellgerichts geführt hatte. Vielmehr war es das recht simple

Verfahren, mit dem ein komplettes Menü vor dem Verderben geschützt werden konnte. Gerade Gemüse und Teig eignen sich hervorragend für den eisigen Vertrieb. 1957 schufen die italo-amerikanischen Brüder Celentano die erste Fertigpizza, die wochenlang frisch blieb. Einige Jahre später versuchte der italienische Hersteller Motta, den Deutschen das Komplettkonzept einer Tiefkühlpizza samt zugehörigem Ofen schmackhaft zu machen – vergeblich. Den Weg nach Deutschland fand das Tiefkühlgericht erst 1968; Vorreiter war damals Dr. Oetker, der heutige Marktführer, 1970 folgte Wagner.

Wesentlich älter ist dagegen der Bringdienst. Raffaele Esposito, Besitzer des neapolitanischen Lokals »Pietro e Basta Così«, das noch heute unter dem Namen »Pizzeria Brandi« existiert, musste 1889 König Umberto und dessen Gemahlin Königin Margherita gelegentlich mit Pizza beliefern. Die vornehme Dame mochte am liebsten die

dti/Rees

Ein Phänomen beschäftigt seit Jahren Mediziner: das **italienische Rätsel**. Mailänder Ärzte haben nämlich festgestellt, dass der Verzehr von ein bis drei Pizzaportionen pro Monat bereits ausreicht, um das Risiko eines Herzinfarkts um 22 Prozent zu senken. Bei mindestens einer Pizza pro Woche ging die Gefahr sogar 38 Prozent zurück, bei mindestens zwei Portionen pro Woche waren es 56 Prozent. »Es sind zwei Komponenten: Olivenöl und Tomatensoße«, fasste Carlo la Vecchia, einer der Autoren der Studie, zusammen. Beide sind wichtige Bestandteile der sogenannten mediterranen Küche, die als besonders gesund gilt. So richtig belegt ist das alles jedoch nicht. Und schon gar nicht steht fest, ob die Ergebnisse der Italiener auch auf Deutschland übertragbar sind – zu häufig ist die hiesige Ware fett oder in der Mikrowelle aufgewärmt. Aber, so Experte la Vecchia: »So verschieden sind die Pizzen denn doch nicht.«

Teigteller mit dem Belag in den Nationalfarben: rote Tomaten, weißer Mozzarella und grüner Basilikum. Der Königin zu Ehren wurde diese Pizza »Margherita« getauft – und noch heute zählt sie – allen neumodischen Kreationen zum Trotz – zu den meistverkauften Pizzen.

Doch erfunden wurde die Leibspeise so vieler Italiener und Italophiler viel früher – und das nicht einmal in Italien. Vielmehr haben wohl schon die Etrusker Teigfladen auf heißen Steinen gebacken und sie dann mit Gemüse, Datteln und Käse belegt. Einfach war diese Mahlzeit, dabei sättigend, wenn auch so mancher ihr mit Misstrauen begegnete. Carlo Collodi etwa, Schriftsteller und Erschaffer des »Pinocchio«, habe den Belag der Pizza noch Jahrhunderte später als »komplizierten Abfall« verspottet, behauptet der Autor Christian Seiler.

Auf jeden Fall schaffte es die Pizza über Griechenland dann doch nach Italien. Der römische Konsul Marcus Porcius Cato der Ältere, der unermüdlich die Zerstörung Karthagos forderte, befasste sich in seiner »Geschichte Roms« auch mit einem flachen, gebackenen Teig, der mit Olivenöl, Kräutern und Honig belegt worden war. Da schrieb man das Jahr 149 vor Christus.

Die erste gewissermaßen urkundliche Erwähnung in einem Kochbuch fand die Pizza im ersten Jahrhundert nach Christus. Der Feinschmecker Marcus Gavius Apicius schwärmte in seinem Werk »De re coquinaria« (»Über die Kochkunst«) von einem Teig, der mit einer Vielzahl von Zutaten bestückt wurde, darunter Huhn, Pinienkerne, Käse, Knoblauch, Minze, Pfeffer und Öl. Und in Pompeji, das im Jahr 79 nach Christus unter dem Ascheregen des Vesuvs begraben wurde, fanden Archäologen kleine Marmorplatten, auf denen offenbar Pizzen zubereitet worden waren.

Erst als Mitte des 18. Jahrhunderts die aus Südamerika nach Europa importierte Tomate sich als Lebensmittel etabliert hatte, mauserte sich die Pizza zu einer Speise, wie sie heute noch zubereitet wird.

Und doch: Es dauerte bis zum Ende des Zweiten Weltkriegs, bevor die Pizza ihren Siegeszug rund um den Globus antreten konnte. Bis dahin war sie nahezu ausschließlich in Italien und in einigen süd-französischen Hafenstädten bekannt. Spätestens da änderte sich auch die Art des Verzehrs. Ursprünglich nämlich war die Pizza mit weich gebackenem Teig gebacken worden, wurde in Papier gesteckt, umge-klappt und im Gehen gegessen. Nun aber wurde auch Wein serviert, nahmen die Gäste an Tischen Platz. Und so verlor die Pizza ihren Titel als beliebtestes Fast Food.

Nicht in Berlin, nicht in Hamburg, München oder Köln, ausge-rechnet in Würzburg steht die Wiege der deutschen Pizza. Am 24. März 1952 eröffnete Nicolo di Camillo in der Elefantengasse das »Sabbie di Capri«, die erste Pizzeria der jungen Bundesrepublik.

Döner, der Spätstarter

Es ist nicht klar, ob sich die »vormals ethnische Speise« nun Mitte der 60er-Jahre zu »weit verbreitetem Fingerfood entwickelte«, wie gelegentlich kolportiert wird. Oder ob es »Anfang der 70er-Jahre war«, wie der »Gourmet Report« meint. Oder ob es vielleicht doch am 2. März 1971 war, wie die meisten Hauptstadt-Zeitungen immer wieder berichten. Fest steht: Der Döner in seiner heutigen Form wurde in Berlin kreiert. Mal wird das Lokal Kendir genannt, weitaus häufiger aber taucht es als Hasir-Restaurant am Kottbusser Damm in Kreuz-berg in der Döner-Geschichtsschreibung auf. Und wahrscheinlich war es eher nicht Haim Aygün mit seinen sechs Brüdern, sondern doch der damals gerade 16-jährige Mehmet Aygün, ein Neffe des Besitzers, der gerade aus der Türkei angereist war.

Sicher nicht im Gepäck: der fertige Döner, denn den kannten auch die Türken nicht. Zwar servierten Gastwirte am Bosporus schon rund 150 Jahre zuvor vom Spießbraten heruntergesäbeltes Fleisch. Aber sie brachten es ihren Gästen auf Tellern, dazu Beilagen wie Reis, Gemüse und Salat sowie mit würziger Soße. Schon Helmuth von Moltke, preußischer Militärberater beim Aufbau der neuen türkischen Armee im 19. Jahrhundert, soll übrigens – schon 1936 – Kebab gegessen haben. Der Adelige berichtet darüber – und gesteht gleichzeitig seine Sehnsucht nach Kartoffeln.

Manche Quellen meinen gar, auch die Brottaschen-Version sei eine urtürkische Entwicklung. Yavuz Iskenderoglus zum Beispiel, eines Nachfahren des Restaurant-Gründers Iskender aus Bursa, heute viertgrößte Stadt der Türkei. Iskender sei einerseits der Erste gewesen, der den bis dahin waagerecht auf glühenden Kohlen ruhenden Grillspieß aufgerichtet habe – was der Qualität des gegarten Fleisches übrigens ausgesprochen zuträglich gewesen sein soll. Durch das veränderte Herunterschneiden seien zudem dünnere Scheiben entstanden, die dadurch recht kross wurden. Solche »Döner-Chips« füllte Iskander kurzerhand in Brottaschen, gab

Was gehört in einen perfekten Döner Kebab? Schon im 18. Jahrhundert hat sich der Koch Iskender darüber Gedanken gemacht: »Das als Ganzes vom Fleischer kommende Hammelfleisch trennen wir fein säuberlich von den Knochen und entfernen mit großer Geduld die Sehnen. Das dünn geschnittene Fleisch verarbeiten wir in eine Form von Blättern, die wir mit einem Eisen weichklopfen. Das für den Döner ungeeignete Fleisch verarbeiten wir zu Hackfleisch und fügen es jeweils zwischen den am Dönerspieß aufeinanderliegenden Fleischschichten hinzu. Zum einen wird auf diese Weise der Kebab weicher, zum anderen fällt das fette Fleisch nicht unangenehm ins Auge. Der Döner Kebab wird folgendermaßen serviert: Ein **spezielles Pide** wird über dem Grillfeuer gut ausgebacken. Danach wird das Brot in quadratischer Form oder **in der Form des Baklavas** rautenförmig geschnitten auf den Teller gelegt. Das in dünnen Streifen abgeschnittene gebratene Fleisch wird dann nebeneinander auf das Pide gelegt. Je nach Wunsch des Kunden kommt es **pur oder mit Joghurt** auf das Pide. Danach wird zerlassene Butter darübergeträufelt, und man fügt auf dem Grill gebratene Tomaten und scharfe grüne Peperoni als Garnierung hinzu.«

Foto: Berkav

etwas Tomate, Gurke und Zwiebel hinzu – fertig war der Döner »allaturca«.

Eine andere Erklärung hat Stefan Nehrkorn in seinem Vortrag »Wie der Döner über die Deutschen kam« vorgebracht:

Bis Wissenschaftler den Gegenbeweis liefern, biete ich folgende Entstehungsgeschichte des Berliner und in der Folge des deutschen Döner Kebabs an: Ende der 60er-Jahre registrierten Gastarbeiter bei Heimaturlauben Veränderungen des Speisezettels entlang der Route in ihre Heimatdörfer. Der an einigen Büfetts angebotene Döner, in einem halbierten länglichen Weißbrot mit etwas Salat serviert, wurde gerne angenommen. Er schonte die strapazierte Reisekasse, ließ sich sprichwörtlich im Vorbeifahren ›einpfeifen‹ und sparte somit wichtige Minuten und Stunden beim waghalsigen Rennen ›Berlin-Erzurum-Berlin‹. Auch die Tagträume und Gedanken während der eintönigen Fahrt entlang der E 5 und durch die weiten Ebenen Anatoliens wandelten sich. In den 60er- und frühen 70er-Jahren herrschte der Stolz über das in Deutschland Erreichte vor. Die Vorfreude auf die bewundernden Blicke der zurückgebliebenen Verwandten angesichts des erworbenen und zur Schau gestellten Wohlstands erwärmte das Herz. Sie entschädigte für die Strapazen und das Heimweh.«

Stimmt nicht, glauben die Buchautoren Hannes Bertschi und Marcus Reckewitz. Es widerspreche der türkischen Esskultur, eine Mittagsmahlzeit auf die Schnelle hinunterzuschlingen. So rückt die Möglichkeit, dass die Hauptstädter einfach nicht die nötige Geduld für ein geruhsames Essen im Schatten der Kreuzberger Altbauten aufbrachten, in den Vordergrund. Dabei ist die Geschichte des Döners in Deutschland keine Erfolgsgeschichte auf den ersten Blick. Tatsächlich hat auch Mehmet Aygün, der überwiegend als Entdecker des Döner Kebabs geführt wird, einige Zeit herumexperimentiert, bis er die passende Soße gefunden und so das eher dröge Riesen-Sandwich verzehrbar gemacht hatte. Und selbst dann dauerte es noch einige Jahre, bis dem Currywurst-Konkurrenten der Durchbruch gelang.

Als sich 1975 die damalige Wirtschaftskrise auswirkte und immer mehr türkische Gastarbeiter um Lohn und Brot fürchteten. machten sich immer mehr von ihnen selbstständig. Und weil sie einerseits den Kontakt zur Heimat nicht verlieren wollten, andererseits häufig nur über bedingte Kenntnisse für qualifizierte Jobs verfügten, eröffneten sie Imbissstuben en masse. Das verhalf der Fleischtasche zum endgültigen Erfolg.

Und die Geschichte wiederholt sich: Vor wenigen Jahren stellte das Zentrum für Türkeistudien in Essen fest, dass »inzwischen fast jeder dritte türkischstämmige Migrant arbeitslos ist«. Viele von ihnen würden mit Subventionen von Vater oder Onkel ihr Heil in der eigenen Dönerbude suchen. So hart war zeitweise der Wettbewerb, dass Hanifi Aydin, damals Vorsitzender des Vereins türkischer Döner-Hersteller, für Schutzzonen plädierte, in denen die Gewerbeaufsicht weitere Imbisse nicht genehmigen dürfe. Erfreulich für die Verbraucher: In manchen Städten sanken im Ringen um Kundschaft die Preise pro Döner bis auf 79 Cent. Dabei machen die Verkäufer unter 2,50 Euro Verlust. Kein Wunder, dass zahlreiche Döner-Buden in die Pleite schlidderten.

Und auch im Sog der Finanzkrise ab 2008 wurde der eigene Verkaufsstand anscheinend wieder attraktiver. Die Zahl der Verkaufsstellen nahm zu. Aydin prophezeite dem Kebab gar einen internationalen Siegeszug:

chaosinjune

In Wirtschaftskrisen werden immer mehr klassische Wurstbuden zu Döner-Ständen – bald auch in Berlin Charlottenburg?

»Der Aufstieg des Döners wird weitergehen. Bald erobert diese Spezialität auch die neuen EU-Länder.«

Der Currywurst jedoch hat der Döner bislang nicht den Rang ablaufen können, auch wenn eine »unbekannte Quelle« auf doener365.de zitiert wird, auf eine verkaufte Currywurst kämen 100 Döner. Vielmehr liegt die Currywurst mit einem Vorsprung von etwa sechs bis zehn Prozent – gemessen an den verkauften Stückzahlen – in Führung. Hinzu kommen die am heimischen Herd veredelten Bratwürste. Wer dagegen gart schon seinen Döner in Mietwohnung oder Eigenheim?

Ein bisschen sind die Döner-Verkäufer selbst daran schuld, dass sie den Sprung an die Verkaufsspitze nicht schaffen. Denn immer wieder erschüttern Gammelfleisch-Skandale die Fan-Gemeinde. 2007 etwa wurden schätzungsweise 160 Tonnen überlagertes und verdorbenes Fleisch an Döner-Fabrikanten geliefert – und die verarbeiteten das Zeug, ohne allzu genau hinzuriechen. Und nur wenige Monate zuvor waren Schlachtabfälle wie Häute, Hufe und Schweineborsten umetikettiert und in den Verzehr gebracht worden. Folge: Die Umsätze brachen um bis zu 50 Prozent ein, es dauerte lange, bis sich die Branche davon erholte.

Das drittklassige Fleisch ist natürlich billiger als jenes, das die »Festschreibung der Berliner Verkehrsauffassung für das Fleischerzeugnis Döner Kebab« von 1989 fordert:

 1.) Bei der Herstellung von Döner Kebab wird nur Fleisch vom Kalb, Rind oder Schaf verwendet; Mischungen von Fleisch der drei vorgenannten Arten untereinander sind zulässig.
2.) Das Fleisch der Nr. 1 hat den Anforderungen des Paragrafen 6 Abs. 1 Hackfleischverordnung (grob entsehnt, grob entfettet und maximal 20 Prozent Fett) zu entsprechen. Für den Hackfleischanteil sind nur die beim Zuschnitt der Scheiben des Fleisches nach Nr. 1 anfallenden Abschnitte zu verwenden.
3.) Das Hackfleisch ist nur zu wolfen und zu mengen; es wird nicht gekuttert. Bratwurstbrät wird nicht verwendet.

4.) Der Anteil von Hackfleisch beträgt höchstens 60 Prozent.
5.) Als weitere Zutaten werden verwendet: Salz, Gewürze, Eier,
Zwiebel, Öl, Milch, Joghurt. Nicht verwendet werden dürfen:
1. Kutterhilfsmittel (Phosphate, Citrate etc.)
2. Stärke oder stärkehaltige Bindemittel
6.) Aus technologischen Gründen dürfen höchstens fünf Prozent
Eis oder Milch verwendet werden.

Dass die Budenbetreiber sich nicht immer daran halten, stellen die recht aufmerksamen Lebensmittelkontrolleure, die gerade Döner-Stuben häufig unter die Lupe nehmen, immer wieder fest. Altes Fleisch, unsaubere Küchen, sogar Schweinefleisch taucht in den – meist von islamischen Chefs geführten – Betrieben gelegentlich auf. Allerdings lassen sich viele der Betriebe längst von wahren Döner-Konzernen, zum Beispiel der 1983 gegründeten Karmez-Gruppe, beliefern. Das mindert auch für die Gäste das Risiko, auf drittklassige Spieße hereinzufallen.

Wer unsicher ist, ob er in der gewählten Stube guten Gewissens speisen kann, schaut zunächst in die Ecken. Ist es dort sauber, spricht das schon einmal für den Betreiber. Positiv zu werten ist es auch, wenn das Fleisch frisch abgeschnitten wird, also nicht schon längere Zeit auf dem Blechteller auf Kundschaft wartet; dann nämlich warten oft Keime mit. Besteht der Spieß aus großen Fleischlappen? Das ist erfreulich, denn daran erkennt der Gast, was sich da dreht. Und schließlich – nicht immer einfach zu bewerkstelligen – sollte man möglichst früh einen Blick in den Imbiss werfen. Rotiert zur Frühstückszeit eine nur dünne Fleischladung, bietet sich der Gang zur Konkurrenz an. Dann nämlich wird der Spieß vom Vortag wieder aufgewärmt – fatal.

Doch zurück zum ewigen Wettstreit zwischen Currywurst und Döner: Während die klassische Wurst auf dem Teller allen Altersgruppen schmeckt, ist das beim Döner offenbar nicht so. Der Grund liegt – im wahrsten Sinne des Wortes – meist auf der Hand. Denn die unhandlichen Brotstücke, aus denen beim Zubeißen Fleischbrocken und Salat hervorquellen und die sich im Soßenmatsch auf Händen und Hemden festsetzen, sind vor allem für gesetztere Feinschmecker nichts. Zudem ist der Verzehraufwand aufgrund des höheren Schwierigkeitsgrades und wegen der oft größeren Speisemenge intensiver; für die ganz rasche Zwischenmahlzeit eignet sich der Döner also weniger gut. Und in Kantinen sind tiefgekühlte Würste einfacher zu lagern und schneller zubereitet.

Es bleibt also dabei: Die Currywurst ist – auf jeden Fall in Berlin, Hamburg und im Ruhrgebiet – die unbestrittene Nummer 1. Zwar stellt Sylvia Robeck, Autorin des Buches »Kalter Krieg und warme Küche«, zumindest für die Hauptstadt fest:

>> *Die Berliner Küche ist genauso wandlungsfähig wie die Stadt selbst. Sie ist ebenso Moden unterworfen wie die Kleidung, nur haben die Revivals größere Abstände.«*

Für die Currywurst, die Völkerverbindende, Einzigartige, exotisch Heimatliche, günstig Sättigende und innerlich Wärmende, gilt das jedoch nicht.

Hinweis:

Die in manchen Kapiteln vergebenen Sternchen von ☆☆☆☆☆ bis ★★★★★ wurden aufgrund rein subjektiver Kriterien verteilt. Die Leser kommen möglicherweise zu einem anderen Urteil.

Danksagung

Ein Dank geht an alle, die mich bei diesem Buch unterstützt und mir auch dann den Rücken gestärkt haben, wenn Kritiker sagten, die Currywurst sei kein Thema. Sie ist es eben doch!

Dank an Rita Baschung und an Monika Reisner fürs konstruktive Redigieren und an meine ganze Familie fürs unermüdliche Probieren – auch von ziemlich scheußlichen Fertig-Currywürsten aus der Packung. Merci an Vanessa Damm für ihre tatkräftige Unterstützung beim Realisieren der Titelidee.

Und schließlich möchte ich mich noch einmal bei denen bedanken, die Fotos zur Verfügung gestellt, Tipps für die Umsetzung gegeben oder gar Bilder bearbeitet haben – allen voran Angi Sofia.

Die Bilder stammen von Flickr, Fotolia, Herstellern oder von den Presseseiten von Agenturen und anderen Institutionen. In diesem Fall habe ich sie ausschließlich für diese Berichterstattung genutzt. Die Zitate aus Büchern und Medien habe ich entsprechend gekennzeichnet, wo das möglich war.

Marc Reisner, Juli 2009

Weitere Titel der Edition BOD

ISBN 978-3-8334-2790-9, 11,90 €

Das Krebstagebuch der 16-jährigen Jenni
Der Erlös geht an krebskranke Kinder

»Ein erschütterndes Tagebuch!«
BILD-Zeitung

ISBN 978-3-8334-2530-1, 14,90 €

Die abenteuerliche Reise von der
Existenzgründung bis zum erfolgreichen
Unternehmer - ein Businessroman

»Derzeit das beste Existenz-
gründungsbuch.«
VDI Nachrichten

ISBN 978-3-8334-5303-8, 12,90 €

Die Brüder Grimm
finden das
schlimm

»Völlig abgedrehte, deftige Lektüre.
Nichts für Puristen!«
Vito von Eichborn

ISBN 978-3-8334-6075-3, 11,90 €

Die Lebensgeschichte des
Ausbrecherkönigs
Eckehard Lehmann

»Wenn du dich für Schicksale
interessierst – dann lies mal eins
aus unserer Wirklichkeit.«
Vito von Eichborn

Edition BOD

Bibliografische Information der Deutschen Bibliothek:
Die Deutsche Bibliothek verzeichnet diese Publikation
in der Deutschen Nationalbibliografie;
detaillierte Daten sind im Internet über
<http: // dnb.ddb.de> abrufbar.

Satz, Umschlagdesign, Herstellung und Verlag:
Books on Demand GmbH, Norderstedt

ISBN: 978-3-8391-5691-9